Bibliografische Information der Deutschen Nationalbibliothek: Die Deutsche Nationalbibliothek verzeichnet diese Publikation in der Deutschen Nationalbibliografie; detaillierte bibliografische Daten sind im Internet über dnb.dnb.de abrufbar.

Herstellung und Verlag: BoD – Books on Demand, Norderstedt

ISBN: **978-3-749-46571-2**

Unser
Weg ist
das Meer

LOGBUCH

29.4.2018
Tallinn/Estland
Haven Kakumäe 59°27.092'N, 24°36.403'E

Ab ins Wasser!
Der Winter ist vorüber und ich habe mich zusammen mit meiner Freundin Barbara auf den Weg nach Tallinn gemacht. Hier wartet SIE auf uns, um nach Hause zu segeln.

„SY FOFFTEIN", gebaut in den Sechzigern, vermutlich in Schweden, so genau weiß das niemand mehr, keine Papiere, keine Plakette - wie das so ist bei einem alten Boot mit einigen Voreignern, bevor ich sie im letzten Jahr übernahm.
Sie ist ein hölzernes Folkeboot, Mahagonie auf Eiche. Wenn man genau ist, ist es kein „richtiges" Folkeboot. Vielmehr ein „Wanderfolke" und in ihren Abmessungen und Kabinenmaßen dem späteren IF-Boot ähnlich. Ein Raum zum Leben auf 7,8 mal 2,2 Meter.

Im vergangenen Jahr habe ich sie segelklar gemacht und bin mit ihr „Einhand" gesegelt. Ein Abenteuer, das mich von Hamburg, nach Lübeck, Bornholm, Schweden, die Ålandinseln, Finnland, bis nach Tallinn führte. Dort, ich war spät im Segeljahr, es war schon September, änderte sich das Wetter zum Schlechten und ich entschied schweren Herzens „mein" Boot dort überwintern zu lassen.
Wenn ich darüber nachdenke, so war und ist sie mehr als nur ein Boot. Sie war meine schwimmende skandinavische Hütte, ein Lebensraum für Monate, mein Rückzugs- und Begegnungsort. Leben im Kleinen.

Nach einer langen Busfahrt, ja, wir sind mit dem Bus nach Estland gefahren, was ein Abenteuer für sich war und uns einen

Blick auf Polen, Litauen und Lettland zu werfen ermöglichte - einen flüchtigen zugegeben - kommen wir ziemlich zerknittert aber glücklich nach 28 Stunden in Tallinn an und sehen Fofftein nun wieder „in echt".

Dank einer Webcam konnte ich sie in den letzten Monaten immer mal wieder beobachten, wie sie tief verschneit und verfroren unter ihrer weißen Plastikhülle an Land stand und dort den Elementen trotzte.

Als ich vor ihr stehe denke ich, puh, die See, Eis, Schnee und Frost haben ihre deutlichen Spuren hinterlassen und auch jener

„Riesenpariser" hat das seinige getan. Deck und Kabine waren so sehr geschützt und luftdicht versiegelt, dass sich darunter ein wunderbares Habitat für den Schimmel bilden konnte - manchmal ist Frischluft wirklich nicht das Schlechteste.

Es wartete also Arbeit. Schleifen, vor allem putzen, streichen und lackieren - nur eine Woche Zeit, am 4. Mai kommt der Kran! Also ran!

Ankunft

10.5.2018
Tallinn/Estland
Haven Kakumäe 59°27.092'N, 24°36.403'E
nach
Insel Naissaar/Estland
59°33.421'N, 24°33.195'E
8NM

Ein Segler steht im Wald
Es hat alles etwas länger gedauert als angenommen, doch nun ist sie im Wasser und wir brechen auf für die ersten Meilen unter Segeln.

In der letzten Woche hat sie noch einiges an Wasser genommen und die automatische Bilgepumpe, eines der wenigen elektrischen Geräte an Bord, musste ganze Arbeit leisten - nachdem ich den Schwimmschalter wieder in Ordnung gebracht habe - Saisonstart eben.

Fofftein ist proviantiert, hat genügend Treibstoff für den Motor, ein Vire 7PS, an Bord, Mast steht, Segel sind angeschlagen und der Wind passt auch. Vom restlichen Wetter ist nichts zu berichten, da die Sonne uns seit Tagen mit ihren Strahlen verwöhnt und von Wolken gar keine Rede sein kann. Also, Leinen los!

Ach Stop! So einfach war das alles doch nicht. Wie erwähnt hat sie diesen alten Motor... und vor drei Tagen hieß es schon einmal „Leinen los", doch dann, Rauch aus dem Motorraum! Kabelbrand!

Kakumäe Haven ist ein wirklich schöner Hafen und die beiden Hafenmeister, Jakko und Martin, sehr hilfsbereit. Nach ein paar Telefonaten war ein Techniker gefunden, wie sich später herausstellen sollte, war dieser ältere Herr, der mit Jacket und Werkzeugkoffer an Bord kam und kein Wort Englisch sprach, wie gesagt Martin und Jakko waren auch hier sehr hilfsbereit und stellten ihr Talent als Übersetzer unter Beweis, zu unser aller Überraschung, ein Professor des hiesigen Technikums und betrachtet die Reparatur von Reglern und den Austausch einiger Kabel eher als Hobby. Großartig! Alles lief nach ein paar Tagen.

Nun aber wirklich „Leinen los"!

Es ist immer wieder ein erhebendes Gefühl das erste Mal die Segel hochzuziehen, den Motor abzustellen, aus dem Wind zu drehen, die Segel sich aufblähen sehen und zu spüren, dass das Boot lautlos die Geschwindigkeit beibehält und steigert.

Phänomenal!

Der Turn heute ist wirklich kurz, nur ein paar Probeschläge über die Bucht von Tallinn, leichter Seegang, Südost bei 2-3 Beaufort, alles gut im Rigg, die Fraueninsel wartet.

Naissaar ist ein Naturparadies mit kleinem Hafen. Bis zur „Singenden Revolution" und der Unabhängigkeit Estlands von der Sowjetunion war diese Insel militärisches Sperrgebiet, da sich hier eine große Seeminenfabrik befand, die noch heute in ihren Überresten zu bestaunen ist. Ansonsten gibt es acht Einwohner, die einzige Schmalspureisenbahn Estlands und eine sehr freundliche und junge Hafenmeisterin - Katlin - sonst nichts, bzw. viel Wald, Strände, Steine… nicht zu vergessen die Wildschweine und Giftschlangen vor denen wir explizit gewarnt wurden!

Mit Katlin haben wir uns auf Anhieb gut verstanden, viel
Kaffee miteinander getrunken und gequatscht. Leben, Liebe,
Träume. Man kommt schnell zum Wesentlichen, wenn man
unterwegs ist - warum auch immer.

Sie selbst lebt seit vier Jahren auf der Insel, ihr Freund Rasmus
fährt zur See und nach ein paar Tagen langer
Waldspaziergänge, ungezählter Tassen Kaffee, viel Eis und
einem von den Frauen geschmiedeten Plan zur Ansiedlung
einer Herde von Wildpferden auf der Insel, will sie uns gar
nicht mehr ziehen lassen, doch Fofftein zehrt an ihren Leinen
und mahnt uns, dass die Reise gerade erst begonnen hat.

14.5.2018
Insel Naissaar/Estland
59°33.421'N, 24°33.195'E
nach
Järvö/Finnland
59°57.878'N, 24°29.543'E
24NM

Finnland wir kommen!
Gastlandfahne gewechselt und 24NM später erreichen wir Järvö. Der Wind kam schwach aus Nordost, leichte Dünnung, Sonne pur und Begegnung mit den „Großen" von der Handelsschifffahrt.

Dieser „Gasthafen" entpuppt sich als privater Clubsteg und wir werden eher geduldet als willkommen geheißen. Also versprochen, nur für eine Nacht und morgen früh sind wir definitiv wieder weg. Die Clubber wollen dann doch lieber unter sich sein und ihre Insel genießen. Also nur ein scheuer kurzer Rundgang, Abendessen und ab in die Falle - wir müssen ja früh aufbrechen…

15.5.2018
Järvö/Finnland
59°57.878'N, 24°29.543'E
nach
Helsinki Marina
60°10.162'N, 24°57.751'E
20,6NM

Wahrnehmung von Zeit
Wenn man als Ausschläfer mit einer Südamerikanerin, genauer Chilenin mit italienischen Wurzeln, unterwegs ist, relativiert sich der Umgang und das Verhältnis zu Zeit und gegebenen Versprechen bezüglich eines frühen Abfahrtszeitpunktes, zumindest wenn man finnischen Seglerfreunden begegnet, deren Bordchromographen doch deutlich genauer gehen als der unsere. So werden wir also freundlich darauf hingewiesen, dass es nun schon Mittag sei und wir die „morgendliche" Toilette doch bitte etwas beschleunigen sollen, wie gesagt, man ist gern unter sich, in der Stille der eigenen Clubinsel.
Wind ist ein Fremdwort an diesem Tag und aus Sicht vieler Motorbootfahrer denen wir heute begegnen, vollkommen überschätzt, doch das schreckt uns nicht und wir ziehen tapfer die Segel hoch um jeden nur winzigen Windhauch einzufangen - was auch gelingt, 1-2 Knoten laufen wir, immerhin!
Barbara nutzt das Kaiserwetter für ein ausgiebiges Sonnenbad auf den Backskisten - schwer für mich sich da noch auf die Navigation zu konzentrieren…
Nach einigen Stunden des Dümpelns entscheiden wir uns dann doch das „Dritte Segel" in Betrieb zu nehmen und tuckern so auf Helsinki zu, das sich immer deutlicher zwischen den Steininselchen abzeichnet.

Habe ich schon erwähnt, dass wir uns weit vor der skandinavischen Segelsaison befinden? Da wo mich im letzten Jahr unzählige Boote empfingen und es schwer war überhaupt eine freie Boje zu finden - hier findet man überall dieses wunderbar einfache Heckbojensystem in den Häfen - erwartet uns nun geradezu gespenstische Leere. Die Qual der Wahl, wo machen wir fest?

Die Wahl fällt auf die Helsinki Marina, einen Steinwurf vom Präsidentenpalast und unterhalb der Orthodoxen Kathedrale gelegen - einziger Nachteil, der, weitaus günstigere Bojenpier, man muss ja ein bisschen auf die Bordkasse achten, ist öffentlich zugänglich und schnell wird unser Holzbötchen zur lokalen Fotoattraktion nebst Skipperpärchen. Zoo könnte man auch sagen.

Also Rückzug in die Abendsauna und anschließendem ersten Stadtrundgang - wie gesagt, wir liegen wirklich sehr zentral - mit der obligatorischen Pizza, eine Tradition, die ich im letzten Jahr von einem niederländischen Weltumseglerpaar übernommen habe, die mir erklärten, dass sie in jedem Hafen nach einer Pizza suchten, eines der wenigen Gerichte, das sie nicht in ihrer Kombüse zubereiten konnten. Da unsere „Kombüse" lediglich aus einem zweiflammigen Gaskocher besteht und ziemlich winzig ist, ist eine Pizza wirklich willkommen.

Den Rotwein gab es übrigens an Bord - wir wollten die Bordkasse mit den finnischen Alkoholpreisen wirklich nicht überstrapazieren...

16.5.2018
Helsinki Marina
60°10.162'N, 24°57.751'E
nach
Helsingi Moottorivenekerho Ry
60°10.371'N, 24°57.766'E

Kreuzfahrer aus der Heimat
Jakko aus Tallinn mochte es ja kaum glauben, dass zwei
Menschen in dieser Kabine leben, schlafen, lieben und essen
können. Doch all das gelingt erstaunlich gut in diesem kleinen

Raum indem man nicht aufrecht stehen kann, der Steuer- und Backbord eine schmale Koje aufweist und dessen vorderer Teil, getrennt durch ein Schott, voll ist mit dem Gepäck der Reisenden, nebst Ersatzsegel, Klappfahrrad, Seekarten, und und und... der begehbare (bekriechbare) Kleiderschrank sozusagen.

Kaum der sicheren Höhle entstiegen und das Frühstück auf der Terrasse, andere nennen es Plicht, einnehmend, hat der Zoo wieder geöffnet, und es dauert nicht lang bis es deutsch hinüberschallt „ein Landsmann" - diese Fahne am Heck verrät einiges. Es ist für mich immer wieder seltsam den Adenauer zu setzen. Mein Umgang mit dem deutschen Nationalen ist an Land deutlich unausgeprägter und selbst mein Bedürfnis die drei Streifen an meinem Auto auszufahren, wenn „Die Mannschaft" an einem internationalen Wettstreit teilnimmt, hält sich doch deutlich in Grenzen. Auch scheint mir es immer wieder merkwürdig in Gewässern der Europäischen Union zu schippern und die unterschiedliche Nationalität als Akt souveräner Abgrenzung anzuzeigen, wo wir doch alle BürgerInnen dieser Union sind. Die goldenen Sterne auf blauen Grund ständen Fofftein auch gut zu Gesicht. Dennoch, gute Seemannschaft gebietet seine Flagge zu zeigen. Also raus damit!

Als Deutscher auf Deutsch identifiziert, unsere gemeinsame Bordsprache ist in diesen Tagen Englisch, da mein Spanisch und ihr Deutsch deutlich ausbaufähig sind, sehe ich eine vierköpfige Familie staunend vor dem Boot stehen und drei Paar Kinderaugen, auch Papa ist wieder zum Jungen mutiert, wandern über Mast und Rumpf und schließlich hinüber zum kaffeeschlürfenden Pärchen auf der Terrasse - äh, in der Plicht. Also schnell auf das Vordeck und Palaver über Reiseverlauf, Bötchen, woher, wohin, wie lange, staunen, scheues Lächeln und schließlich, man ist ja kein Unmensch und wer kann schon Kinderaugen widerstehen, Einladung an Bord zu kommen. Mama bleibt übrigens an Land - soviel Landsmannschaft ist ihr wohl nicht ganz geheuer.

Die Vier sind auf Kreuzfahrt, mit Aida, der Kinder wegen, alles super, sehr schön, nur Zeit hat man keine in den Häfen. Gestern Tallinn, vorgestern Sankt Petersburg, immer schön in der Gruppe, da sie kein Visum hatten, heute Helsinki, aber nur bis abends, dann geht es schon weiter über Nacht nach Stockholm der letzten Station und dann gen Heimat, nach Warnemünde. Ich gebe also Grüße in jene „Heimat" mit. Obligatorisch folgt „Vielen Dank", „Gute Reise", „Schönen Aufenthalt"... Vater sagt noch, „sowas wollte er auch mal machen" einfach segeln, mit Zeit...

Warum denn eigentlich nicht?

Ein Boot kostet, wenn man sich auf ein kleines beschränkt und Gebrauchsspuren akzeptieren kann und vielleicht nicht ganz ungeschickt mit seinen Händen ist, um nötige Reparaturen und Ausbesserungen selbst zu machen, nicht die Welt. Klar ist man in den Häfen meist das kleinste Boot und wird manchmal komisch beäugt von Menschen auf großen Yachten die, von Komfort und Preis, eher mit einem freistehenden Einfamilienhaus zu vergleichen sind, doch bringt einen eben jenes Boot an wunderbare Orte. Segelt in der Stille. Bietet einen Platz zum Schlafen und manchmal ist es eben die Attraktion, weil es sich so deutlich von den schwimmenden Plastikgenossinnen unterscheidet und so mancher Hafenmeister mir schon die Gebühr mit den Worten „von einem echten Boot nimmt er kein Geld" erlassen hat.

Loszusegeln bedeutet, eine Entscheidung zu treffen. Sich zu beschränken, etwas Komfort aufzugeben, ja auch, ins finanzielle Risiko zu gehen. Doch der Wind ist kostenlos.

Loszusegeln bedeutet, Weite zu erfahren, die Perspektive deutlich zu verändern, die Dinge von See zu sehen und nicht nur den dahingleitenden weißen Segeln sehnsüchtig nachzublicken. An Orte zu gelangen, zu denen keine Fähre fährt.

Loszusegeln bedeutet, auch mal nass zu werden. Sich in Geduld zu üben, wenn die Natur nicht so will wie man selbst. Sein Verhältnis zu Geschwindigkeit und Entfernungen zu verändern - es ist doch immer alles langsamer und weiter als gedacht.

Loszusegeln bedeutet, manchmal sich selbst zu überwinden, mehr Mut aufzubringen als im Alltag notwendig, bewusst über Gefahren nachzudenken.

Tourensegeln ist eine gute Schule für die man sich bewusst entscheiden muss. Von der Entscheidung hängt es ab.
Wir entscheiden an diesem Tag auch noch etwas, nämlich dass wir umziehen in eine andere Marina. Barbara ist das „Freiluftgehege" leid.

22.5.2018
Helsingi Moottorivenekerho Ry
60°10.371'N, 24°57.766'E
nach
Järvö
59°57.878'N, 24°29.543'E
21,7NM

Wieder Solo im Club

Die Tage in Helsinki sind schnell vergangen und so manche größere Entscheidung war zu treffen. So bin ich ab heute wieder solo unterwegs - nicht im Leben aber doch an Bord.
Barbara hat ein Jobangebot bekommen, das sie nicht ablehnen konnte und nach einigem Abwägen, Liebesschwüren, Abschiedsessen, habe ich sie gestern zum Flughafen gebracht. Gute Reise, Liebste. Auf Bald.

So gern ich Barbara habe, aber ein wenig mehr Platz auf dem Schiff ist auch nicht schlecht... so breite ich mich erstmal auch auf „Ihrer" Seite aus und habe dabei ein leichtes Lächeln im Gesicht.

Los gehts, dem schönen Helsinki sei für seine Gastfreundschaft gedankt. Verabschiedet wurde ich mit zwei Dosen Bier, die ich in einer Plastiktüte an meiner Pinne hängend fand. Finnische Seglerfreunde!
Im Übrigen braucht Helsinki einen Vergleich mit der „großen" Schwester Stockholm wirklich nicht zu scheuen. Hier ist es vielleicht nicht so weltstädtisch, wobei ich mich gerade selbst frage, welche Faktoren eine „Stadt von Welt" ausmachen, doch es ist in einer sehr guten Weise eine ruhige Hauptstadt, mit viel Natur vor der Haustür, netten Menschen, wunderbaren

Museen, gutem Essen und schönen Häfen - alles was mein Seglerherz erfüllt.

Die Fahrt verläuft ruhig und ich genieße das Dasein bis ich bemerke, dass sich die Verbindung des Baumes zum Mast irgendwie zu lockern scheint. Mist, das hab ich wohl beim aufriggen übersehen, denke ich. Da die liebe Fofftein auch mit arretierter Pinne am Pinnenkamm nur schwer auf Kurs zu halten ist, sagte ich schon, dass ich ohne Steueranlage fahre?, sind meine „Reparaturen" eher provisorischer Natur und ich sehe mich daher gezwungen den nächstmöglichen „echten" Hafen anzusteuern, in dieser Inselwelt gibt es überall Naturhäfen, doch der Einfachheit halber steht mir eher der Sinn nach einem Steg, da ein Anlegemannöver im Naturhafen allein zwar möglich, aber auch aufwendig ist, egal, also Steg, ich muss schrauben…

Die nächste Möglichkeit die sich bei meinem Kurs bietet ist eine alte Bekannte, eine äußerst gastfreundliche und pünktliche obendrein, Clubberinsel Järvö, da muss ich schon schmunzeln. Diesmal ist die Bucht leer. Keine Boote. Also ran an den Steg und die Arbeit am Mast. Ein paar festgezurrte Schrauben später sitze ich zufrieden im Cockpit, schaue den Vögeln beim Fischfang zu und bin fast geneigt die Clubfahne am Inselmast zu hissen, denn irgendwie fühle ich mich schon ein wenig als Mitglied dieses Vereins und genieße die abendliche Idylle in vollen Zügen. Mal schauen, wann ich morgen aufbreche - sicherlich pünktlich.

23.5.2018
Järvö
59°57.878'N, 24°29.543'E
nach
Elisaari/Algsjö
59°58.738'N, 23°54.663'E
20,9NM

Finnisches Paradies
Nach dem obligatorischen Porridge mache ich mich los. Heute geht es dorthin, wo ich eigentlich schon gestern sein wollte, nach Elisaari. Elisaari war ein Tipp, den mir eine nette Schweizerin in Helsinki gegeben hatte. Sie und ihre Freundin langen ein paar Boote weiter unten am Steg und als sie meine deutsche Fahne entdeckte sprach sie mich auf Deutsch an. Sie selbst lebte seit acht Jahren in Helsinki und ich hätte sie, hätte sie nicht mit schweizer Akzent mit mir gesprochen, als waschechte Finnin identifiziert - so kann man sich täuschen, wenn man Menschen nur nach ihrem Äußeren einschätzt - blöde Schubladen im Kopf.
Sie hat mir nicht zu viel versprochen und auch ihre Schilderung der Anfahrt, dass man sich durch dichten Schilfbewuchs rechts und links langsam vorantasten müsste und wenn man denke, da kommt nichts mehr, taucht plötzlich dieses Kleinod eines Hafens auf. Alles wahr!

Elisaari ist wunderbar. Eine Besonderheit dieses Ortes ist definitiv der Artenreichtum des Baumbestandes. Also nicht nur die typische Kiefer und Birke sind zu finden. Das Boot ist in kürzester Zeit mit einer dicken gelben Schicht aus Pollen bedeckt, zum Glück leide ich nicht an dergleichen Allergien und ich muss mich an ein Telefonat mit meiner Patentante von vor ein paar Tagen erinnern, die eindringlich auf ihre Schwierigkeiten beim Atmen hinwies und sich nach Regen sehnte - Hanni das hier ist für dich die reinste Tortur.

Für mich ist es das genaue Gegenteil. Natur pur. Ruhe.

Wie weit weg erscheinen an einem solchen Ort die Probleme der Welt. Und es gibt Menschen, die hier tatsächlich dauerhaft in ihren kleinen roten Holzhäusern leben. Für die das benutzten des kleinen Motorbootes zum täglichen Leben gehört. Für die die Wörter Ruhe oder Stille sicherlich nicht diese spezielle Bedeutung von Erholung haben, da sie nunmal als selbstverständlich anzusehen sind.

Wie weit weg ist einer wie Donald Trump hier. Wie weit irgendwelche Embargos. Wie weit aber auch jene Menschen, die über das Meer flüchten müssen um nach einem besseren Leben zu suchen. Diese Menschen hier leben aus meiner Sicht puren Luxus und ich darf ihn mit ihnen für einen Augenblick teilen, ohne neidisch zu sein, ich bin einfach auch da - meine Hütte schauckelt leicht im Wind, der rauschend durch die Baumwipfel zieht, ist holzfarben und nicht rot angestrichen und hat keine weiß abgesetzten Fenster und morgen gleitet sie weiter - hinaus durch den Schilf... Finnisches Paradies.

Schwimmendes Mökki

Das Mökki ist nicht nur für FinnenInnen ein Sehnsuchtsort - auch bei Touristen wird die kleine Holzhütte immer beliebter. Denkt man an Finnland, so tauchen wohl bei vielen endlose Tannen- und lichte Birkenwälder, unzählige Seen, tausende Schereninseln ausgestreut an sonniger Küstenlinie, vor dem inneren Auge auf. Vielleicht kommt so manchem Helsinki, die Hauptstadt ganz im Süden des Landes, mit der alles überragenden weißen Domkirche im Herzen der Stadt in den Sinn. Auch ist die typische finnische Saunatradition nicht zu vergessen - ein echter kultureller Exportschlager - und natürlich jene, geradezu sagenhafte, Mückenplage.
Doch Finnland wäre nicht denkbar ohne seine Mökkis.

Mökkis, fragen sie sich? Ja, Mökkis, das Ferienhaus in der weiten, meist menschenleeren, freien Natur, denn dieses Land mit seinen etwa 300.000 km2, was etwas kleiner ist als die Bundesrepublik, hat nur fünfeinhalb Millionen EinwohnerInnen. Das bedeutet viel Platz für viele kleine bunte Holzhäuser; gern auf einer Insel oder am See gelegen, denn jeder zweite Finne hat statistisch sein eigenes Mökki.
Aber ein Mökki ist mehr als nur ein Häuschen auf dem Land. Es geht vielmehr um eine Lebenseinstellung. Um die Idee, dass dieses Volk aus und mit dem Wald lebt. So bezeichnen sich Einheimische gern als „Waldmenschen". Es geht um eine fast paradoxe Haltung der kollektiven Vereinzelung - jeder für sich und doch alle zusammen.

Diese Rückzugszeiten sind geprägt von Einfachheit. Es geht darum seine Bedürfnisse den Erfordernissen anzupassen. Bewusst auf besonderen Komfort zu verzichten und um die Einübung, oder besser, das Praktizieren eines autarken Lebens.

Also kein Wasser aus der Leitung, Strom aus der Steckdose, oder Zentralheizung. Stattdessen Wasserkanister, manchmal, doch das ist meist schon Luxus, Sonnenkollektor und Kaminfeuer - reines „off grid"-Dasein.

Es ist ein Minimalismus der gut tut. Der fokussiert. Der entschleunigt. Und das Ganze in einer geradezu zauberhaften Natur.

Fofftein ist mein schwimmendes Mökki. Aus Holz, ganz einfach und klein. Mit Mast, Segel und, zugegeben, ohne Sauna.

Mökki

24.5.2018
Elisaari/Algsjö
59°58.738'N, 23°54.663'E
nach
Jussarö
59°49.847'N, 23°34.354E
14,6NM

Da steht ein Elch...
Weit gekommen bin ich heute wieder nicht. Ich bin Segler und deswegen bleibt der Motor aus. Ich gleite dahin und an mir vorbei ziehen diese bewaldeten Inseln mit Mökkis und hin und wieder passieren mich andere Boote. Freundlicher Gruß. Weg sind sie. Ich bleibe zurück ändere ein wenig den Kurs um ihre Wellen zu parieren und segle sachte weiter - reines Tourenseglervergnügen. Ich habe eine spezielle Freude daran, wenn sich das Boot langsam und lautlos bewegt, der Wind nicht zu spüren ist und dennoch reproduzieren die Segel soviel Fahrt aus der Kraft jener seichten Luftbewegung, dass 1,6 Tonnen Holz und Blei sich durch das Wasser schieben. Für mich ist dies das reinste Vergnügen und ich kann mich kaum an dem Anblick sattsehen, wenn der Rumpf des Schiffes elegant vorantreibt und das Wasser an der Bordwand entlangzufließen scheint. Ästhetik der Seefahrt.
Auf Jussarö, eine Insel auf der ich (fast) alleine bin, folge ich der Beschilderung „WC" wobei der Schildermaler wohl nicht bedacht hat, dass es auf diesem Eiland kein fließendes Wasser gibt und so das WC ohne „W" auszukommen hat - zu deutsch, es ist und bleibt ein Plumpsklo - egal.
Nach der Verrichtung zurück zum Boot, der Skippersmut hat Hunger, schauen mich plötzlich aus etwa zehn Meter Entfernung zwei interessierte Augen aus pelzigem Kopf mit

dazugehörigem großem Körper an. Ich kann mein Glück und meine Überraschung kaum fassen. Da steht ein Elch, ein junger zwar, aber ein Elch (zumindest halte ich dieses Tier für einen und es passt zu Skandinavien und Zoologen mögen dies als Seemannsgarn interpretieren).

Wir sagen einander im Stillen „Hallo" oder besser „Moi", wir sind schließlich in Finnland und dies scheint hier der lokal gebräuchliche Gruß zu sein, was mir als Norddeutscher sehr zu pass kommt, da es sich für mich, um eine reine Verkürzung des Wortes „Moin" handelt und mir daher, im Gegensatz zum Rest des hiesigen Idioms, leicht über die Lippen kommt (Linguisten mögen auch dies als Seemannsgarn abtun).

Nach gewechseltem Gruß erkennen wir beide an, dass wir keine Gefahr füreinander darstellen, sein Interesse an mir gestillt zu sein scheint und wir nun getrost unserer Wege gehen können - na dann „tschüss" oder „moi moi".

25.5.2018
Jussarö
59°49.847'N, 23°34.354E
nach
Hanko/Hangö
59°49.217'N, 22°57.909E
19,7NM

Maritime Begegnung

Es ist wieder mal ein strahlender Tag in diesem Jahrhundertfrühling. Tatsächlich werde ich an meinem heutigen Zielort Hanko, der besser Hangö, ich befinde mich nun schließlich im schwedischsprachigen Teil Finnlands, noch erfahren, dass es keine lebende Person in diesem Land gibt, die jemals zu dieser Zeit des Jahres solche Temperaturen und ein solch stabiles Hochdrucksystem über so lange Zeit erlebt hat. Es ist und bleibt ein Wettertraum im Schärenparadies - gibt es noch mehr Superlative?

Also los gehts. Fofftein will raus ins Blaue.

Ich habe es mir zur Gewohnheit gemacht, wo immer es möglich ist aus dem Hafen zu segeln. Also, kurz Motor an, hoch mit den Segeln und wieder aus.

So geht es dahin bei leichtem Nordost, die See funkelt und es ziehen die Inseln vorbei...

Irgendwann höre ich weit achter aus Maschinengeräusche - in dieser Stille sind sie meilenweit zu hören.

Schnell das Fernglas hervorgezogen, erblicke ich, schnell aufkommend, ein Marineschiff auf gleichem Kurs.

Die gute Seemannschaft gebietet es, solche Fahrzeuge, bzw. deren Fahne, durch dippen dem eigenen Nationalen, zu grüßen. Bedeutet, ich habe etwas zu tun, denn Fofftein segelt mit arretierter Pinne und gut getrimmten Segeln quasi von alleine.

Ran an die Fahne und warten bis das Kriegsschiff, ein Versorger, auf gleicher Höhe ist und dann die Fahne für einen Augenblick absenken - also dippen. So weit so unspannend.

Doch dann geschieht für mich das unerwartete aber erhoffte. Ein aufmerksamer Wachoffizier auf dem gegrüßten Fahrzeug hat offenbar mein „seemännisches" Manöver beobachtet und so sehe ich einen Soldaten von der Brücke zum Mast eilen, der wiederum die finnische Marineflagge vor der meinigen absenkt. Was für eine schöne Geste!

Kleine Freude bei maritimer Begegnung.

Hanko/Hangö
59°49.217'N, 22°57.909E

Hangö ist die südlichste Stadt Finnlands und so war es wohl die Idee der Stadtväter im frühen zwanzigsten Jahrhundert aus dieser Festungsstadt so etwas wie das Monaco Finnlands mit jenem Flair der Cote Azur zu erbauen.
Wie das mit Kopien so ist, werden diese meist nicht so gut wie das Original - so auch hier.
So gibt es einige hübsch anzusehende villenartige Holzhäuser, ein Kasino, wobei ich nicht sicher bin, ob dieses heute noch als solches dient, und ein paar Sandstrände. Es ist und bleibt jedoch eine finnische Stadt und auch die Idee scheint in späteren Perioden der Bebauung irgendwie verloren gegangen zu sein. So finden sich im heutigen Stadtbild eher architektonische Anklänge des postsowjetischen Nachbarn und seiner Kollektivierung des Wohnens und Arbeitens.
Egal, bei Sonne ist das gar nicht so schlimm und am Sonntag findet rund um den Hafen ein netter (Floh)Markt statt - bemerkenswert ist hier, dass man an (fast) jedem Stand auch mit der Kreditkarte zahlen kann - quasi Flohmarkt 2.0.
Ich bleib mal ein paar Tage hier. Kaufe ein. Repariere ein wenig und warte auf passenden Wind…

28.5.2018
Hanko/Hangö
59°49.217'N, 22°57.909E
nach
Kasnäs
59°55.223'N, 22°24.601'E
21,4NM

Wenn du denkst, es ist Krieg

Naja, dass mit dem Wind hat nicht wirklich funktioniert, dennoch breche ich auf. Wieder unter Segeln aus dem Hafen, was mir die verwunderten Blicke eines ebenfalls auslaufenden Mitseglers einbringt, der gemütlich an mir vorbeituckert.

Schon in den vergangenen Tagen ist mir immer wieder dieses Donnern von See her aufgefallen, wobei mir ziemlich klar war, dass es sich dabei nicht um ein fernes Gewitter handeln konnte. Für die Einheimischen schien dies ebenfalls ziemlich normal zu sein, denn niemand schien gesteigertes Interesse an diesen Donnerschlägen zu haben. Ich gebe zu, mir kam das doch ein wenig seltsam vor, denn in meinem Kopf entwickelten sich Bilder von schießenden Kanonen, gepaart mit den Eindrücken passierender Marineschiffe, erscheint ein Kriegsszenario - kommt der Russe und ich habe es nicht mitbekommen?!

Auf Nachfrage gibt mir der Hafenmeister beruhigt lächelnd die Antwort, ja, es sind Kanonen, die da feuern, sagt er lapidar, aber Hanko ohne diese Geräusche, wäre nicht Hanko. Es handelt sich dabei um die ganz normalen Maimanöver der Küstenbatterien; und dann erzählt er munter weiter, wie es war, als er als Wehrdienstleistender an diesen Schießübungen teilgenommen hat - er hat übrigens damals auf Flugzeuge „gezielt"...

Also ein Segeltag mit „Donnerwetter" und Sonne - auch interessant.

Hanko - Hangö

29.5.2018
Kasnäs
59°55.227'N, 22°24.601'E
nach
Högsåra
59°57.163'N, 22°22.149'E
2,8 NM

Ferien auf Saltkrokan

Die Marina von Kasnäs, in der ich heute Nacht der einzige Gastlieger war, lasse ich hinter mir. Unaufgeregt funktional ist wohl eine passende Beschreibung dieses Ortes. Kleiner Laden, Tankstelle, gutes W-Lan und, ja, eine hervorragende Sauna!

Also los. Mein heutiges Ziel ist das Segelsetzen nicht wert. Gerade 2,8 Meilen werde ich zurücklegen müssen. Dennoch hoch mit dem Groß. Raus aus dem Hafen, Steuerbord, den Sund hoch und dann gleich wieder hart Backbord, da liegt es - Högsåra! Und wie es da liegt.

Friedlich und einladend entfaltete sich dem Segler eine Bilderbuchkulisse. Schnell an Land gesprungen vertieft sich dieser Eindruck. Pittoresk verstreute Holzhäuser in skandinavischer Musterlandschaft. Selbst für die Schafe, die geruhsam vor sich hin weiden, ist mit einer kleinen roten Holzhütte für regnerische Tage gesorgt. Heute scheint über all dem aber die Sonne und eine sehr leichte Brise lässt die Birken rascheln.

In mir formt sich ein Bild meiner Kindheit. Genau so habe ich mir im zarten Alter Saltkrokan vorgestellt, jene zauberhafte Insel im Stockholmer Schärengarten, auf der Astrid Lindgren, Pelle samt Familie die Ferien verbringen lässt. Es fehlt nur noch, dass Bootsmann, der gemütliche Bernhadiner, um die Ecke kommt.

Ich werde neugierig beäugt und freundlich gegrüßt, wahrscheinlich bin ich einer der ersten Gäste der Saison, und letztendlich wird mir sogar die kleine Hafenbar aufgesperrt und ich werde zum Anlegerbier eingeladen. Übrigens als ich dem Hafenmeister und Barmann von meinem Eindruck erzähle sagt dieser nur, dass ich nicht der erste sei, der diese Insel mit ihrem imaginären lindgrenschen Pendant vergleicht. Egal, war ich mal wieder nicht originell genug, aber mein Eindruck hat sich jedenfalls nicht getäuscht.

Ich genieße die sonnige Ruhe dieses Tages, wandere umher und betrachte alles mit den kindlichen Augen der Begeisterung. Der „echte" Schärengarten liegt noch gut 150 Meilen entfernt - er wird es schwer haben bei dieser „Kontrahentin".

30.5.2018
Högsåra
59°57.163'N, 22°22.149'E
nach
Vänö
59°52.094'N, 22°11.779'E
8,2 NM

Und die Wikinger waren auch schon da
Bei achterlicher leichter Brise verlasse ich „Saltkrokan" und
begebe mich auf Kurs West. Segler merken schnell ob das
heute was wird mit dem Segeln oder nicht. Bei mir stellt sich
die Erkenntnis Letzteren sehr schnell ein und so dümple ich
vor mich hin und entscheide, nur bis zum nächsten Inselchen
zu fahren - mein Vire bleibt auch heute aus!
Kurz vor Vänö schrallt der Wind und frischt mächtig auf. Na
toll, dann also doch die Maschine, da ein gegenan kreuzen in
der Schmalen Zufahrt mir nicht ganz geheuer ist. Kurz vor dem
Steg geht es dann weiter mit dem Winddreher und nun habe
ich ihn genau achterlich - schlecht - wenn ich da mal nicht zu
schnell auf den Anleger zutreibe.
Wenn man Einhand unterwegs ist muss man ja eigentlich beim
Anlegen an zwei Stellen gleichzeitig sein, in der Plicht um zu
steuern und den Bojenhaken einzufädeln und dann mit
rücklaufender Maschine aufzustoppen und eben am Bug um
das Boot festzumachen. Jeder entwickelt so seine eigene
Behelfstechnik und normalerweise funktionierte die Meinige
ganz gut - wenn, ja wenn da heute nicht der achterliche Wind
wäre, der verdammt aufgefrischt hat in der letzten Minute! So
funktioniert das heute nicht mit dem Aufstoppen und so
rausche mit dem Bug in den Steg. Super - Holz auf Holz! Was

für eine Ankunft. Gut das kein anderer Seereisender sich am heutigen Tag auf diese Insel verirrt hat - großes Hafenkino.

Apropos verirrt. Wie ich bei einem Spaziergang auf einem sehr, sehr schönen Naturpfad lerne, waren vor einigen Jahrhunderten auf diesem Eiland die Wikinger ansässig. Vänö lag genau auf der West-Ost-Route und hier befand sich wohl eine Art Verorgungsposten.

Heute wie damals war diese gekennzeichnete Route die beste Strecke um das Inselgewirr der Finnischen Schären zu durchqueren. Es ist schon eine faszinierende Vorstellung für mich im imaginären Kielwasser nordischer Lang- und Frachtboote zu segeln.

Auf Vänö begegne ich keiner Menschenseele und so finde ich auch die örtliche Kapelle, wobei es sich um ein schönes aber schlichtes Holzhäuschen mit Kreuz über der Tür handelt, offen aber leer vor.

Einige Mückenstiche und Erkenntnisse reicher kontrolliere ich noch einmal Foffteins Steven, scheint, bis auf ein paar Schrammen, noch mal gutgegangen zu sein und mache es mir auf meiner Terrasse gemütlich - Seglerleben!

Kirchort

31.5.2018
Vänö
59°52.094'N, 22°11.779'E
nach
Jurmo
59°49.661'N, 21°35.084'E
21,7 NM

Deutsche!

Die Sonne scheint und ich habe raumen Wind aus Südost. Herrlich heute. Fofftein läuft geruhsam und willig ihre 5,5 Knoten und ich genieße die vorbeiziehende Insellandschaft. Mein Tagesziel hießt Jurmo, eine langestreckte Insel mit etwas anderem Landschaftsbild als die anderen Schären in diesem Gebiet. Jurmo ist eine Heideinsel. Ziemlich flach, was übrigens auch für ihren Hafen gilt. So zieht die Insel an mir vorbei bevor ich den Kurs leicht nach backbord ändere für den Landfall.

Die höchste Erhebung dieses Eilands heißt dann auch sinnigerweise Högaberget - nomen est omen - schnell bestiegen, bietet sich dem Segler von hier ein wunderschöner Panoramablick auf Heide, Wald und ein idyllisch daliegendes Dörfchen nebst Windmühle(!) und Kapellchen. Diese entpuppte sich dann leider als geschlossen. Der umliegende Friedhof jedoch offenbart auf seinen Grabsteinen, dass die Menschen hier vor allem Lotsen waren.

Bei der Erkundung des Dorfes stellt sich heraus, dass es keinen Laden gibt, was sich als ein kleines Problem darstellt, da meine Vorräte an frischen Lebensmitteln langsam zur Neige gehen. Also heute wieder Pasta.

Ach ja und noch etwas, hiesiges „Dorf", wobei ich den Eindruck gewinne, dass es sich eigentlich nur um einen kleinen Bauernhof handelt, wird unter anderem Getier, von einigen

Lamas, zumindest identifieziere ich diese als solche, wobei kein großer Zoologe an mir verloren gegangen ist, bewohnt. Diese trollen sich gemütlich und etwas irritiert zum Fremden hinüber starrend unter der auf einem Felsen erbauten roten Windmühle. Hier treffen sich Skandinavien und Südamerika zu einem durchaus harmonischen Gesamtbild unter strahlend blauem Himmel. Schön.

Und dann kommen sie. Die ersten deutschen Segler auf meiner diesjährigen Reise. Bislang bin ich von meinem heimischen Idiom weitesgehend verschont geblieben, doch nun höre ich aufgeregt Kommandos aus männlicher Kehle hinüberschallen. „Wie tief? Wie TIEF?!" und Bugfrau zurück „ziemlich flach! FLACH!". Vorbei ist es mit der Hafenruhe und anschließende Diskussion der beiden über das Mannöver, falsche Knoten und überhaupt wie man sich nur so amateurhaft verhalten könne, wobei diese Bewertung die wohl einiges gewöhnte Ehefrau über sich ergehen lässt, erschallen noch eine Weile über den Steg.

Es ist schon seltsam seine eigene Sprache wieder zu hören und nicht ungeteilte Freude über dieses Faktum zu empfinden. Egal.

1.6.2018
Jurmo
59°49.661'N, 21°35.084'E
nach
Utö
59°47.085'N, 21°22.185'E
10,7 NM

Ich habe Hunger!
Heute morgen habe ich meinen letzten Apfel gegessen. Der
Joghurt ist auch aus und mit dem Kaffee wird es auch
bedrohlich knapp. Es ist schon eine besondere logistische
Herausforderung im finnischen Archipel vor der Saison, also
vor Mitsommer zu segeln. Alles dicht. Meine schwedischen
Nachbarn haben mir allerdings verraten, dass es auf Utö einen
Laden geben soll, der, wenn auch zu wechselnden und sehr
kurzen, mehr als ein Stündchen am Tag ist auch wirklich zu viel
verlangt, Zeiten geöffnet hat. Bedankt für den guten Rat und
hin da.
Utö ist die letzte Insel des finnischen Archipels bzw. die Erste,
wenn man von Osten kommt. So findet man am Hauptpier des
sehr geschützten Hafens neben einigen Lotsenschiffen ein
großes blaues Schild mit zwölf gelben Sternen und den
Wörtern Suomi, Finland. Meine anfängliche Irritation löst sich
nach etwas nachdenken auf - denken hilft meist bei Problemen.
Hier endet bzw. beginnt der gemeinsame europäische
Wirtschaftsraum, da die Ålandinseln nicht dazu gehören.
Schon komisch, eine echte Grenze in einem Land, denn
politisch gehören die Ålands zu Finnland, allerdings als
autonomer Landesteil mit eigener Legeslative.
Statt am Pier festzumachen entscheide ich mich für den
kleineren Gastanleger des hiesigen Hotels, da auch hier so

wenig Wasser im Hafen ist, dass Fofftein immer wieder unter den offenen Holzpier treibt - der ist halt für die Großen gebaut und nicht für Nussschalen. Das mit dem Hotel erweist sich dann auch in doppelter Hinsicht als Glücksfall, denn nicht nur der Anleger ist nett, auch das Personal zeigt sich von seiner besten Seite. Auf meine Frage, ob der Laden geöffnet sei, wird mit allerlei Entschuldigungen verneint - erst wieder morgen zwischen 11 und zwölf Uhr - und gefragt, ob man weiterhelfen könne. Ich bringe meine Bitte um ein paar Früchte und Joghurt vor und nach einigen Minuten erscheint die Rezeptionistin mit einem Beutel voll mit verschiedenem Obst und der gewünschten Milchspeise! Zwei Euro verlangt sie für all das. Toll! Ich ziehe glücklich von dannen und mache einen Inselrundgang.

Utö war ziemlich lange ausschließlich vom Militär geprägt. Auch das erwähnte Hotel hat seinen kasernenartigen Charakter noch nicht eingebüßt - wie auch, war halt eine Kaserne.

Ein Teil der Insel ist immer noch militärisches Sperrgebiet und der Rest, wie mir ein vorbeispazierender Vogelfreund erklärt, ein ornithologisches Paradies.

2.6.2018
Utö
59°47.085'N, 21°22.185'E
nach
Kökar/Karlby
59°55.247'N, 20°54.689'E
18 NM

Shoppen - täglich-stündliches Vergnügen
Der Laden hatte dann heute tatsächlich zur angegebenen Stunde für eben diese Stunde(!) geöffnet und entpuppt sich als echte Überraschung. Nett eingerichtet mit vielen frischen Produkten und einer großen Auswahl. Und natürlich als Treffpunkt der InsulanerInnen. Ich wurde gleich in ein Gespräch verwickelt, da ich der einzige Gastlieger war und man mein Boot natürlich längst entdeckt hatte.

Utö war wirklich schön. Großer Leuchtturm, nette kleine Holzhäuschen und eine Kirche, die sich als interessant erwies, da erstens offen und zweitens mit ein paar gerahmten Briefen geschmückt, die sich, bei näherer Betrachtung als Dankesschreiben der US-Amerikanischen Botschaft in Helsinki an den Staatspräsidenten der Republik Finnland und die Bewohner der Insel erweisen, die bei schwerem Schneesturm am Heiligen Abend des Jahres 1948 nicht zögerten die Besatzung der S/S PARK VICTORY aus Seenot zu retten und dann in ihre Häuser aufzunehmen

„...its people in their own small boats, and under peril to themselves immediately went to the rescue of the American seamen struggling in the icy waters while a snow storm raging upon the seas made such an operation extremely hazardous. Then, the same townspeople took into their homes for shelter and for nourishment the survivors of the shipwreck."

Ich will und muss weiter, da die Wetterprognose für die nächsten Tage einen Sturm voraussagt und ich die Zeit nutzen möchte um mich auf Kökar umzusehen.

So segle ich los, lasse noch eine große Fähre passieren und setze dann Kurs gen Westen. Nach einigen Meilen hole ich die finnische Flagge ein und heiße die Ålandfahne, der Schwedischen ähnlich jedoch ergänzt durch ein rotes Kreuz im Gelben.

Die Anfahrt nach Karlby, dem Hauptort der Insel Kökar, erweist sich als spannende Angelegenheit. Immer wieder Kurswechsel, schmale Passagen, durch ein Labyrinth von hunderten kleinen und kleinsten Inselchen. Grandios!

In Karlby werde ich gleich von der Chefin des hiesigen Hotels begrüßt, die mich schon am Anleger erwartet und mir einen schönen Liegeplatz zuweist, wobei sie mir gleich ihre Sorge mitteilt, dass in dieser Saison wohl nicht viele Boote den Weg zu ihr finden werden - auch hier fehlen gut 60 Zentimeter Wasser, sodass die flache Bucht wohl zu flach für größere Yachten, mit etwas mehr Tiefgang als meiner Fofftein, wohl unerreichbar ist.

Für mich hingegen steht fest, hier ist es schön und sicher. Ich werde mein Klappfahrrad auspacken und ausgedehnte Erkundungstouren unternehmen - trotz oder wegen des Sturmes.

Kökar, oder sollte ich lieber „Örar" sagen, ist seit 2014 ein Ort den ich gerne besuchen möchte. Ich habe diese Insel literarisch kennengelernt, als ich das Buch Eis von Ulla-Lena Lundberg gelesen habe. Sie beschreibt dort das Familien- und Inselleben. Eine junge Pfarrersfamilie findet sich neu auf Örar ein, wobei hier mit Bestimmtheit Kökar, die Heimat der Autorin, gemeint ist. So finden sich hier eben die wunderbare alte Kirche, auf einer Halbinsel gelegen und die beiden Dorfkerne, da Kökar eigentlich aus zwei Inseln besteht, getrennt durch einen schmalen, natürlichen Kanal. Dieses Buch ließ in mir wunderbare Bilder von Landschaften und Menschen entstehen und wenn ich nun hier in meinem Cockpit sitze und auf die Insel schaue, habe ich die wunderbare Gewissheit, dass mein gedachtes Bild genau mit dem gesehenen übereinstimmt, ja das zu sehende einfach wunderschön ist. Morgen mache ich mich zur Kirche auf!

Zur Kirche von Kökar muss man von Karlby die Insel queren und so radle ich durch eine sonnenbestrahlte, leicht hügelige

Landschaft. Die wenigen Autofahrer grüßen mich freundlich und der warme Wind bläst mir kräftig ins Gesicht. Ich passiere verstreute Bauernhöfe und einsam gelegene Häuschen bis ich am Hauptschauplatz des Romans ankomme.

Da liegt es vor mir, allein, dieses große Schiff einer Kirche, weiß getünchter Feldstein mit riesigem rotbeschindelten Dach. Daneben der hölzerne Glockenturm direkt am Ufer, mehr Seezeichen als Gebetsrufer - wer sollte sein Geläut hier schon hören? All das umgeben von der letzten Ruhestätte der InsulanerInnen. Friedlich ist hier, warm. Im Inneren angenehme Kühle und Stille in der Stille. Der Ort wurde von Franziskanermönchen als Kloster errichtet und neben der heutigen Kirche findet man die Fundamente des ersten Gebetshauses der Brüder des Heiligen aus Assisi. Wie groß war dieses Vertrauen in Gott um hier zu siedeln. Abgelegen bis heute von den Schifffahrtsrouten, im Winter so kalt, dass die See gefriert und alles von Eis umgeben ist. Arme Mönche in der widrigen Einsamkeit der Natur mit reichem Glauben. Sie sind längst verschwunden, nicht vom Wind aber von der Reformation hinweggefegt, doch die Kirche steht bis heute an dem Platz den sie für sich wählten und verkündet noch immer woran sie fest glaubten. Zeichen für die Menschen an Land und auf See.

Ich bleibe noch ein paar Tage. Meine Fofftein liegt hier gut und ich genieße die Bewegung beim Fahrradfahren. Der Bewegungsmangel beim Segeln macht mir arg zu schaffen - ich lechze geradezu meine Beine auszustrampeln - hier habe viel Gelegenheit dazu, denn mein Klapprad hat nur einen Gang.

Sicheres Versteck
- Karlby

8.6.2018
Karlby
59°55.247'N, 20°54.689'E
nach
Sandvik/Kökar
59°56.388'N, 20°52.960'E
11,2 NM

Manchmal ist der Anfang auch das Ende
Der Wind ist in der Nacht abgeflaut und hat auf nördliche
Richtung gedreht und so entschließe ich mich die Leinen
loszuwerfen und langsam aus jenem Fjord hinauszugleiten,
vorbei am Inselkaufmann, den roten und gelben Häusern, die
auf Anhöhen oder direkt am Ufer gebaut sind, hinein in das
Labyrinth der Inselchen, der See zu.
Einige Tage zuvor hatte Karlby Besuch von einem Schiff der
finnischen Wasser- und Schifffahrtsbehörde um die
Fahrwasserbojen neu zu vermessen und zu setzen, ein
Schauspiel, das einen ganzen Nachmittag andauerte und ein
breites Lächeln auf das Gesicht der Hotelchefin zauberte - sie
hatte wohl schon lange darauf gewartet, dass die alten
Behelfsmarkierungen durch „Echte" ersetzt würden, die dann
auch in den Seekarten verzeichnet seien, was auch nach dem
Update meiner Navigationssoftware so war.
Ich setze Kurs West, passiere die Kirche, sende ein letztes „Auf
Wiedersehen", in der Hoffnung eines Tages zurückzukehren
und genieße das ruhige Dahingleiten im strahlenden
Sonnenschein auf tiefblauer See. Mein Ziel: Rödhamn.
Manchmal lege ich ab und habe das Gefühl, noch nicht fertig
zu sein mit dem Ort, den ich gerade verlasse. Es ist eine Art
guten Unwohlseins, eines unerklärlichen Vermissens von
etwas, so auch heute. Ich schaue mehr zurück, denn nach vorn.

Immer wieder wandert mein Blick auf die langsam undeutlich werdende Küste jener Insel, mir ist, als wenn der rote Kirchturm mich gemahnt „geh noch nicht".

Sandvik Gästhamn liegt auf der anderen Seite von Kökar und ich gebe meinen Gefühlen nach und laufe ein. Schon von weitem erkennt man den alten Kutter, der hier seinen letzten Hafen gefunden hat und pittoresk auf der steinigen Schräge an Land nahe dem Wasser liegt. Davor der Anleger.

Vor mir läuft eine große Segelyacht, vielleicht 50 Fuss, mit großer Crew ein und macht längsseits fest. Ich entscheide mich über die Heckboje anzulegen. Ich mag dieses Mannöver. Aus meiner Sicht eignet es sich perfekt für Einhandsegler. Langsam die Boje anlaufen, Haken einklinken und achteraus auslaufen lassen und dann geruhsam aufs Vorschiff gehen, während das Boot mit leichtem Vortrieb Richtung Steg strebt. Dann schnell an Land, Boot halten, mit den Festmachern sichern, Bojentau dichtholen, fertig. Schon liegt das Bötchen. So die Theorie und vielerprobte Praxis. Heute, leider, gelingt dieses Mannöver nicht ganz wie geplant und dann auch noch unter den Augen jener Männercrew nebenan, die sich schon gemütlich dem Anlegerbier widmet. So liefere ich „großes Hafenkino".

Der Segler hat leider nicht bedacht, dass auch hier Wasser unter dem Kiel fehlen könnte und so schiebt sich Fofftein auf den steinigen Grund. Rumps. Kein wirkliches Problem für einen robusten Langkieler, doch das Geräusch geht mir durch Mark und Bein.

Nun schnell, Motor voll zurück und Fofftein zieht sich langsam vom Hindernis herunter. Ich höre einige finnische Rufe, die ich mal als Ermutigungen und Ratschläge interpretiere…

Der zweite Versuch gelingt dann und ich werde freundlich mit Bier und Lachen an Land bzw. an Bord der finnischen Großyacht in Empfang genommen. Diese entpuppt sich als wahres Blauwasserschiff, hat schon mehrmals mit ihrem Eigner und Familie den Atlantik gen Karibik überquert und hat als spezielle Ausstattung, Finnen sind halt Finnen, eine Sauna im Vorschiff! Der Abend wird feucht und fröhlich. Ich habe noch eine Nacht auf Kökar - gut so.

Manche sind im letzten Hafen angekommen
- doch die Sehnsucht bleibt.

Nach Meer.

9.6.2018
Sandvik
59°56.388'N, 20°52.960'E
nach
Rödhamn
59°59.123'N, 20°6.099'E
28,3 NM

Der Traumwandler
Schnell noch ein paar Vorräte im kleinen Inselladen
proviantiert und schon geht es weiter. Heute ist es Fofftein, die
an ihren Leinen zieht und mir deutlich macht „ich will los".
Also los, wie sollte man einer alten Dame diesen Wunsch
verwehren. Der Wind steht gut, die Sonne strahlt vom
wölckchenbesprenkelten Himmel... - wenn da nicht mein
leichter Kater wäre - egal.
Wir ziehen geruhsam dahin. Ich sitze und denke. Lasse die
Gedanken kommen und wieder hinausgleiten, über das Wasser
hin zum Horizont, hin zu den Inselchen ringsum. Sitzen und
denken, eine der Hauptbeschäftigungen von Seglern. Eine
Meditation in der stillen, langsamen Bewegung. Konzentration
und Achtsamkeit.
Immer wieder entdecke ich Details am Boot, die ich noch nie
wahrgenommen habe, obwohl ich nun schon so lange an Bord
lebe. Bewundere die Schönheit der geschwungenen Formen.
Schaue hinauf in das geblähte Segel und obwohl mir die Physik
des Segelns bewusst ist, bewundere ich dennoch diese Kraft
des Windes, der mit großer Leichtigkeit, ausdauernd und
geradezu mühelos die 2,5 Tonnen Masse durch das Wasser
schiebt. Uraltes menschliches Wissen im Jetzt. Ohne eine Spur
zu hinterlassen. Nur ein paar Verwirbelungen im Kielwasser.

Rödhamn ist ein Inselparadies aus rotem Granit. Der rote Hafen. Anleger, Museum, ein kleines Café, in dem ich meine Liegegebühr entrichte und für den nächsten Morgen selbstgebackene Brötchen bestelle. Diese werden dann morgen auf meinem Vorschiff liegen versehen mit dem handgeschriebenen Wetterbericht auf der Tüte - was für ein Service und schmecken tun sie auch noch.

Schön ist es hier, einfach nur schön.

Ich fühle mich ein wenig verloren in all dieser Schönheit. Seit Wochen geht das nun so. Ein Ort ist schöner als der andere. Alles strahlt in diesem berauschenden Licht des sommerlichen Nordens. In mir stellt sich geradezu eine Übersättigung ein. Zuviel Schönheit - verrückt. Es ist mir, als bewege ich mich seit Wochen im Halbschlaf durch einen skandinavischen Traum. Kein Entkommen. Er umfängt mich mehr und mehr. Ich bin sprachlos, bringe keinen Laut hervor. Mir fehlen die Worte. Die Worte an jemanden. Die Möglichkeit meine Eindrücke zu teilen. Das ist die Einsamkeit des Traumwandlers.

Wetter zum Frühstück

11.6.2018
Rödhamn
59°59.123'N, 20°6.099'E
nach
Mariehamn
60°5.981'N, 19°55.405'E
10,6 NM

Hauptstadtfeeling

Vor zwei Wochen habe ich Hanko verlassen, die letzte Stadt und so erscheint mir das Einlaufen in die Bucht von Mariehamn als Ankunft in einer pulsierenden Metropole. Mariehamn dieses Hauptstädtchen der Ålandinseln, mit seinen knapp 12000 EinwohnerInnen, im strengen Schachbrettmuster erbaut und benannt nach Zarin Marija Alexandrowna von Russland - Finnland und so auch die Ålandinseln, war bis 1918 teil des russischen Kaiserreiches.

Noch kurz der großen Vikingfähre den Weg freigeben und schon mache ich unter dem mächtigen Bug der „Pommern" im Gasthafen des hiesigen Segelclubs fest.

Ich genieße diese Stadt, spaziere unter den langen Lindenalleen und schaue mir die vielen bunten Holzhäuser an die in ihrer Stilmischung ein wenig an Russland erinnern.

Ich greife die Gelegenheit beim Schopfe und schaue mir die Ausstellung des hiesigen Kultur- und Kunstmuseums an, wobei mich besonders die Kollektion des åländischen Künstlers Tage Wilén fasziniert. Kolorierte Holzschnitte die im ersten Besehen eher grob wirken doch bei längerer Betrachtung immer mehr Details offenbaren und den Besucher mit zum Teil mit äußerst aktuellen politischen und gesellschaftlichen Problemen konfrontieren oder aber die großen Fragen von Gut und Böse, Glaube und Zweifel, Licht und Dunkel thematisieren.

Der Künstler selbst, so verrät eine Videoreportage, lebt abgeschieden im Archipel - ein Leben, ganz auf die Kunst zentriert. Mich spricht diese Art von Leben an. Konzentriert sein, in der Stille der Abgeschiedenheit. Sich ganz und gar etwas zu verschreiben und diszipliniert daran zu arbeiten. Nicht in erster Linie um damit Geld zu verdienen, nein, aus Leidenschaft.

Ich bin weit davon entfernt ein Künstler zu sein, doch lerne ich in den vergangenen Monaten mehr und mehr ein Leben zu führen, dass aus und in der Stille lebt. Auf kleinem Raum. In selbstgewählter Langsam- und Komfortlosigkeit. Und gerade dort erscheint mir eine Qualität von Leben, die ich noch nie vorher erfahren habe. Einfach und still im Kleinen und das große Wasser um mich herum.

Gegenwart und Vergangenheit
- ein Traum von Seefahrt

Die „Pommern" wird, zu meinem großen Bedauern, gerade saniert und so ist eine Besichtigung nicht möglich, doch genieße ich den Blick aus meinem Cockpit auf dieses wunderschöne Schiff. Dieser lange, schwarze Stahlrumpf. Das vereinfachte Rigg, das eine Fahrt mit kleinerer Mannschaft ermöglichte und doch für genügend Geschwindigkeit sorgte. Diese Schiffe globalisierten die Welt. Garantierten den raschen Warentausch. Fuhren von Hamburg nach Valparaiso ohne jegliche Emission; ohne Maschine nur mit der Kraft des Windes. Das Leben der Seeleute war hart in diesen Zeiten, nicht zu vergleichen mit dem, was wir heutigen Segler als Seefahrt erleben. Und dennoch ist es ein romantisches Bild, untermalt mit erklingenden Shantys gesungen aus echten Salzbuckelkehlen. Wenn ich nach Hause komme, werde ich hoffentlich vom Schwesterschiff der „Pommern", der „Passat" begrüßt. So sitze ich und träume. Leere meinen Drink und verkrieche mich bei einsetzendem leichtem Regen - Regen, ich kann es kaum glauben, seit Wochen gab es dieses Wetterphänomen nicht mehr, in meine Koje, lese noch ein wenig und schlafe sehr zufrieden ein.

16.6.2018
Mariehamn
60°5.981'N, 19°55.405'E
nach
Storlandet/Kobba Klintar
60°1.819'N, 19°52.988'E
4,6 NM

Maler als Skulptur

Juha Pykäläinen hat den Charakter dieser kleinen Insel mit seinen beiden Skulpturen - der Maler und der Lotse - grundlegend verändert und gerade mit dieser sanften Veränderung die Akzente der Erinnerung klarer gemacht als jede wortreiche Beschreibung dieses Ortes.

Der ausblickende Lotse weist den Weg über das Meer. Der Lebensader. Er beschaut die ankommenden und abgehenden Schiffe. Hat sie im Blick. Das war die Geschichte dieses kleinen Eilandes vor den Toren der Stadt am äußersten Zipfel des Sundes gelegen - schauen und weisen.

Jener Maler, der oben auf dem kleinen Buckel steht, hat seine Staffelei aufgestellt, die Palette in der Linken den Blick ebenfalls auf das Meer gerichtet, mit der selben Achtsamkeit wie sein Pendant, jedoch mit dem Augenmerk auf die unablässige und gewaltige, sich ständig verändernden Schönheit der Natur. So stehen sie dort. Alles ist in Bewegung. Sie stehen und schauen, werden nie müde in der Beobachtung und laden den Besucher vehement ein, doch auch zu verweilen, zu schauen, zu bewundern. Natur wird hier zur Kunst, ganz ungewollt und der Maler zu seiner eigenen Skulptur. Grandios. Ich bleibe. Der kleine Hafen ist gerade tief genug für „Fofftein". Warte bis die Ausflügler verschwunden sind und habe diesen besonderen Ort dann für mich - falsch, bin zu Gast bei Lotse und Maler, denn dies ist ihr Ort.

Kunst der Natur

17.6.2018
Storlandet/Kobba Klintar
60°1.819'N, 19°52.988'E
nach
Arholma/Schweden
59°51.271'N, 19°6.624'E
27 NM

Im Regen nach Schweden
Nachdem ich den Morgen auf besseren Wind gewartet habe, verlasse Storlandet am späten Vormittag, verpackt in vollem Ölzeug, denn der auf Nord gedrehte Wind bringt dicke Regenwolken mit sich. Egal, ich bin ja nicht aus Zucker und so lege ich in Vorfreude auf Schweden, gen Arholma ab. Wieder lasse ich der Fähre den Vortritt, die schnell an mir vorüberrauscht und dann bin ich im offenen Wasser, setze Kurs ein wenig nördlich des Fährweges und segle mit guten fünf Knoten vor mich hin. Dann setzt der Regen ein und es wird nass. Wieder einmal denke ich darüber nach, warum ich mich dazu entschieden habe, ohne eine Selbststeuereinrichtung zu fahren. Heute wäre sie wirklich von nutzen. Aber nein, ich sitze an der Pinne und lasse mich nasströpfeln.
Einige Zeit beobachte ich im Fernglas ein, wenn ich die Fahne richtig interpretiert habe, russisches Federschiff auf nördlichen Kurs. Ich verändere meinen Kurs ein wenig, damit ich ihm nicht in die Quere komme, doch nach einiger Zeit bemerke ich, dass der russische Skipper offenbar auch seinen Kurs verändert hat. Also wieder Kurswechsel meinerseits. Doch der andere tut dasselbe. Komisch. Sieht der mich nicht? Oder ist das hier ein Spielchen eines gelangweilten Wachoffiziers auf der Brücke des Frachters? Wirklich verstehen tue ich das nicht und letztendlich

bin ich gezwungen nach Süden abzudrehen um dem Russen freie Fahrt zu ermöglichen. Blöd.

Wieder auf Kurs Nordwest geht es nass-kalt, aber ohne weitere Schwierigkeiten weiter.

Eine Schärenküste anzulaufen ist für mich immer wieder etwas sehr Spannendes. Erst taucht einfach nur eine unspezifische Landmasse hinter dem Horizont auf und je näher man kommt schälen sich die Details als gräuliche Schatten heraus. Doch wo ist die „Einfahrt" in dieses verwickelte Labyrinth?

Ich konzentriere mich auf meinen Kurs, halte wachsam Ausschau und entdecke schließlich die „richtige" Zufahrt um auf Arholma festzumachen. Schon bei der Anfahrt entdeckt der durchnässte Segler die große, getarnte Kanone auf einem Felsrücken. Wie all diese „Festungen" so wurde auch diese, wie ich in den folgenden Tagen herausfinde, zur Hochzeit des „Kalten Krieges" gebaut um etwaigen Feinden die Zufahrt in das Stockholmer Schärenarchipel zu erschweren, wobei mit „etwaigen" Feinden, wohl die Sowjets gemeint waren. Heute kann man das Bauwerk mit seinen verstreuten Bunkern besichtigen und drumherum, in den ehemaligen Militärbaracken, hat sich eine Art Freizeitcamp eingerichtet - im Einsatz war diese Festung übrigens nie.

Ich berge die klatschnassen Segel, lasse noch schnell ein Kreuzfahrtschiff passieren - wirklich ein Kreuzfahrer biegt mal eben um die Ecke! Mitten im nirgendwo! - und mache dann an einem netten Steg der Schärengartenstiftung hinter einer, die deutsche Flagge führenden, Luffe 37 fest.

Nette Leute, wir bewundern des Anderen Boot und überlegen dann gemeinsam, wie wir die Liegegebühren entrichten können. Auf einem Hinweisschild wird nur auf das in Schweden übliche Verfahren via Smartphone aufmerksam gemacht, was für Menschen mit einem schwedischen Handy und Konto wirklich eine gute Idee ist, doch den geneigten Ausländer, vor ein Problem stellt.

Letztendlich entscheiden wir uns, der Stiftung am Ende des Sommers eine Spende von zu Hause zukommen zu lassen, quatschen noch ein wenig und ziehen uns dann in unsere Kabinen zurück, wo ich erstmal richtig einheize - ich bin bis auf die Unterwäsche nass und mir ist das erstmal auf dieser Reise richtig kalt. Glücklicherweise ist meine Kabine so klein, dass ich schon bald in Saunaverhältnissen mein Abendbrot verzehre und noch ein wenig lese, der Regen prasselt leise auf das Deck, ich sitze warm bei Kerzenschein - das ist ein Leben!

Der Regen hat über Nacht aufgehört. Nach dem Frühstück macht sich das deutsche Pärchen auf um in den südöstlichen Hafen von Arholma zu verlegen. Es ist Sturm angesagt für die nächsten Tage. Ich bleibe, verpasse „Fofftein" ein paar zusätzliche Festmacher und packe das Fahrrad aus.

Arholma ist autofrei und perfekt zum Radeln. So erkunde ich die Insel. Ein Lädchen mit Bootstankstelle, besagte Festung, eine kleine Kirche und die bekannte alte Barke aus dem 18. Jahrhundert auf der höchsten Erhebung. Schön hier. Am Inselladen, dem Treffpunkt der Inselgemeinschaft, laufen schon die Vorbereitungen für das Midsommarfest, so liegt der geschmückte „Baum" bereit um am nächsten Tag aufgestellt zu werden - alle sind herzlich eingeladen und so erlebe ich meinen Midsegelsommar auf Arholma, da ein weitersegeln bei diesem Wind für mich nicht möglich ist.

Diese kleinen Anleger der Schärengartenstiftung sind wirklich nett, so findet man Plätze zum Grillen, Plumpsklo, manchmal Wasser. Was leider fehlt ist eine Dusche und so gebietet mir meine Köreperhygiene doch alsbald die erste Gelegenheit zu nutzen um meinem Säuberungsdrang nachzukommen. Also adé Arholma.

Stille

23.6.2018
Arholma
59°51.271'N, 19°6.624'E
nach
Riddarholm
59°42.824'N, 19°2.815'E
10,8 NM

Ich brauche eine Dusche

Es wird ein kurzer Schlag zum ersehnten Brausebad. Runter Richtung Kapellskär, rechts um die Ecke, nochmal hart Steuerbord und schon ist man in der Riddarholmbucht. Fahrrad raus, zum nahegelegenen Campingplatz fahren und schon prasselt das warme, salzfreie Nass auf mich hernieder - schon komisch, man wird mit der Zeit einfach dankbar für die kleinen Dinge des Lebens, die einem sonst als so normal vorkommen, dass man den Wert von frischem, warmen Wasser gar nicht mehr schätzen kann.

Sauber kehre ich zurück zum Boot, gönne mir vorher noch ein Eis im Laden des Campingplatzes und schaue der Vorbeiziehenden Großschifffahrt aus und nach Stockholm zu, repariere ein wenig hier und da - wie schon erwähnt, ist immer etwas zu tun auf einem Boot, halte einen Plausch mit einem Seglerpaar aus Österreich, die auch ein Folkeboot auf dem Bodensee besitzen und verabrede mich mit ihnen auf ein Glas Wein am Abend. So weit so normales Hafenleben.

Gegen Abend läuft eine wunderbare Victoria 26 ein. Sie fällt mir gleich ins Auge, macht neben mir fest und ich freue mich, dass sie die walisische Flagge am Heck führt - zugegeben ich habe noch nie ein Boot unter dieser Beflaggung, grün-weiß mit rotem Drachen, gesehen und so entspinnt sich eine sehr schöne Unterhaltung mit einem älteren Ehepaar, dass sich entschlossen hat, diesen Sommer in Schweden zu verbringen und mal eben mit diesem kleinen Schiff über den Kanal und die Nordsee in die Ostsee zu segeln. Was für eine wunderbare Freiheit ein Boot doch bietet! Sie ermuntern mich einstweilen, doch einmal in britisch-irische Gewässer zu segeln und auf meine Rückfrage, ob dies denn mit meinem Boot möglich sei, entgegnet der freundliche Nachbarskipper, ein alter Berufsseefahrer, „warum denn nicht?"

Da habe ich mal wieder viel zu träumen in dieser Nacht, nachdem ich noch einen Schluck mit den Alpenländlern zu mir genommen habe, von starken Tidenströmen, grünen Hügeln, verschlafenen Fischerdörfern und dem „Red Ensign" in meinem Mast.

Vielleicht sollte ich wirklich mal darüber nachdenken „Fofftein" in ein anderes Revier zu segeln. Gen Westen.

26.6.2018
Riddarholm/Kapellskär
59°42.824'N, 19°2.815'E
nach
Möja
59°26.473'N, 18°55.221'E
18,6 NM

Mein Motor ölt!
Gestern habe ich eine schwere Entscheidung getroffen - ich werde nicht nach Stockholm segeln und stattdessen weiter Richtung Süden fahren. Die Windprognose für die nächsten Tage sprach von stabilen westlichen Winden - schlecht um weiter ins Innere des Archipels zu segeln.
So mache ich mich auf nach Möja. Mit gutem Halbwind geht es nach Süden und ich mache im nördlichen kleinen Hafen fest, direkt hinter Laden und Fährhaltestelle.
Im Laden ergattere ich schnell einige Dinge um meinen Proviant aufzubessern und als ich zurückkehre stelle ich fest, dass meine Bilgenpumpe nicht nur Wasser sondern auch Öl außenbords gepumpt hat! Sehr schlecht!
So krieche ich unterdecks zum Motor, besagtem alten Vire 7, und schraube mal wieder, das geht mir mittlerweile ziemlich leicht von der Hand, lokalisiere das Leck, erneuere eine Dichtung und säubere die Bilge so gut es eben geht vom Ölfilm. Und anschließend mich, denn ich bin schwarz!
Das Fährsystem im Archipel ist wirklich beeindruckend. Jede größere Insel wird mehrmals täglich von einer Fähre angelaufen und so sind diese Inseln, so fern sie auch wirken, direkt mit der Hauptstadt verbunden. Möja scheint ein Knotenpunkt zu sein. So treffen sich zeitweise bis zu drei Fähren gleichzeitig am kleinen Anleger. Spucken Waren und

Menschen aus und übernehmen Selbiges für ihre Weiterfahrt. Was für uns Städter Metro und Bus ist, ist hier eben die Fähre.

Fährenstau

27.6.2018
Möja
59°26.473'N, 18°55.221'E
nach
Sandhamn/Sandön
59°17.320'N, 18°55.169'E
11 NM

Zu Besuch bei den Königlichen

Als ich gestern mit meiner Mutter telefonierte und ihr erzählte, dass ich heute nach Sandhamn aufbrechen würde, wurde ich sofort ermahnt, doch bitte besonders vorsichtig zu sein an diesem Ort. Auf meine erstaunte Frage warum denn, antwortete sie kurz und entschlossen „dort geschehen viele Morde." Dann führte sie weiter aus, denn ich verstand immer noch nur „Bahnhof", dass Sandhamn der Schauplatz einer Krimiserie, sie ist eine große Freundin von Krimis jeglicher Art, sei und dass die Autorin wohl diesen Schauplatz für ihre Geschichten gewählt hat, da sie auf der Insel lebe. Gemeint war „Morden i Sandhamn" von Viveca Sten und bei meiner anschließenden kurzen Recherche lernte ich, dass es sich um ein sehr erfolgreiches Serienformat im deutschen Fernsehen handelt - habe ich verpasst, dafür sehe ich heut den Schauplatz - hoffentlich ohne kriminelle Vorkommnisse.

Ich mache in der Dependance des „KSSS" fest, des Königlichen Yachtclubs von Stockholm, also doch ein wenig Stockholmfeeling auf der Reise. Freundlich und professionell wird mir mit den den Leinen geholfen, hier sind Studierende über den Sommer als Hafenmeister engagiert. Die Atmosphäre ist geradezu hauptstädtisch quirlig. Viele Boote kommen und gehen und im Verlauf des Tages sieht man immer wieder einen

Helikopter landen und starten - man reist wohl von Stockholm über den Luftweg zu seinem Boot an und ab.

Mir gefällt es hier. Das Dörfchen ist pittoresk schwedisch und bietet tatsächlich eine perfekte Kulisse für das Skandinavienflair nachdem sich die Deutschen so sehnen.

Das wirklich besondere an der Insel Sandön ist, wie es der schwedische Name schon vermuten lässt, dass sie mehr oder weniger eine Sanddüne ist und damit in ihrem Inselcharackter vollständig verschieden ist zu ihren Geschwistern in den Schären. So finden sich hier ausgedehnte Sandstrände, die mir herzlich willkommen zu ausgedehnten Spaziergängen sind und die ich glücklicherweise meist komplett für mich allein habe - wenn man mal von einigen Kanuten absieht, die hier ihre Boote an Land gezogen haben.

Das Leben ist schön hier und besonders die frischen und vielfältigen Mehlspeisen des hiesigen Bäckers bereiten mir entspannte Kaffeestunden. Hier ist es nicht kriminell, vielmehr, es ist köstlich-königlich!

Perspektivwechsel

30.6.2018
Sandhamn
59°17.320'N, 18°55.169'E
nach
Nynäshamn
58°53.947'N, 17°57.177'E
40,5

Guter Wind, schnelle Fahrt!
Entgegen der vergangenen Tage ist es heute bewölkt, doch der Wind verspricht einen wirklichen guten Segeltag. Ich verabschiede mich aus Sandham, setze Groß und Fock und schon laufe ich aus dem geschützten Hafen, gehe auf südlichen Kurs und Fofftein zieht willig an; besser, die alte Dame scheint zu fliegen!

Das ist wirklich perfektes Segeln. Ich freue mich so sehr, dass ich zu singen beginne. Die Inseln rauschen nur so an mir vorbei...

Zeit scheint keine Rolle mehr zu spielen. Mit jeder Meile segeln wir mehr und mehr in diese Freiheit, die der Segler sich erträumt umhüllt vom Geräusch des Windes und dem konstanten Rauschen und Gurgeln des am Rumpf vorbeiströmenden geperlten Wassers.

Wie einfach ein Leben der Freude sein kann, ein kleines Boot, zwei Segel und schon ist man in Bewegung. Den Blick auf den Horizont gerichtet, der einen lockt und zieht. Der nie näher kommt und doch erreichbar scheint. Man zieht mit den Wolken dahin - ganz im jetzt und hier.

In Momenten wie diesen fühle ich tiefe Dankbarkeit in mir aufsteigen. Dankbarkeit für die Schönheit der Natur, für das Privileg der Freiheit und natürlich, für diese kleine hölzerne Nussschale, die mir, mit ihrer simplen Technik und großer

Verlässlichkeit, diese Augenblicke ermöglicht. Danke Fofftein auch wenn du manchmal muckst - danke!

Es werden rund 40 Meilen heute und ich laufe Nynäshamn an, reihe mich brav hinter der Gotlandfähre ein und gleite unter Segeln in den Gästhamn ein. Hier werde ich freundlich von anderen Seglern begrüßt und ich finde einen schönen Anleger. Kurzum: Ein super Segeltag!

1.7.2018
Stockholm

Ein Segler nimmt die Bahn
Der Bahnhof von Nynäshamn zieht mich magisch an, er liegt direkt neben der Marina und von dort fahren mehrmals stündlich Züge in die Hauptstadt - nach Stockholm. So werde ich nach Tallinn, Helsinki und Mariehamn heute die die vierte Hauptstadt meiner Reise besuchen - auf der Schiene.
Es ist Sonntag und so bietet Stockholm ein eher ruhiges Bild. Es ist warm. Die Menschen genießen die strahlende Sonne. Sitzen in Cafés bei Kaffee und Eis. Ich tue es ihnen gleich. Schlendere ein wenig durch Östermalm, dann hinüber nach Gamla Stan, schaue mir Schloss und Riksdag an.
Das Stadtleben, obwohl ich Städter bin, scheint mir fremd. Für so lange Zeit war ich in der reinen, stillen Natur. Autos, Straßen und der Zug lösen in mir ambivalente Gefühle aus und so zieht es mich auch hier zum Ufer des Mälarensees auf Riddarholm und auf die andere, die Ostseeseite, zu den Anlegern der alten und pittoresk erscheinen Schärendampfern unterhalb des königlichen Schlosses.
Nach ein paar Stunden ist es genug, ich kehre zurück auf mein Holzboot. In die Stille der kleinen Kabine. Koche mir etwas kleines, feines zu Essen und setze mich ins Cockpit. Es schwankt wieder unter mir. Die leichten Hafenwellen schlagen gutmütig ans Heck. Vertraute Geräusche - hier bin ich daheim.

2.7. 2018
Nynäshamn
58°53.947'N, 17°57.177'E
nach
Landsort/Öja
58°46.120'N, 17°51.538'E
14.1 NM

Ankunft bei Freunden

Unter Segeln bin ich hier eingelaufen und genauso laufe ich
auch wieder aus. Es macht mir Freude mit meinem kleinen
Boot im Hafen unter Segeln zu manövrieren, auch wenn mir
dies manchmal seltsame Blicke von anderen Seefahrern
einbringt, die mir mehr oder weniger zu verstehen geben „hat
der keinen Motor?" Egal, mir gefällt es.

Vor dem Wind, der an diesem Tag mit 4 bis 5 Beaufort weht,
laufe ich den Sund auf südlichem Kurs hinunter. Mein Ziel ist
Landsort auf Öja.

Schnell geht es voran und Fofftein kämpft sich durch einen
unangenehmen Schwell der von seewärts aufläuft. Wir werden
ganz schön durchgeschüttelt, doch als wir wieder in den
geschützten Archipel einlaufen beruhigt sich das Wasser
umgehend. Leider schläft auch der Wind ein wenig ein. So geht
es langsam auf Landsort zu, der Hafen am nördlichen Ende der
Insel Öja.

Er liegt in einer tiefen, sehr geschützten Bucht und kurz vor
dem Flachwasser finde ich einen Liegeplatz. Am Steg steht
dann auch schon die junge Hafenmeisterin und wünscht mir
mit einem Lächeln im Gesicht ein herzliches Willkommen
nimmt schnell und geübt die Leinen über und schon liege ich
sicher vertäut.

Dauerlieger

Wie sich herausstellen wird, bleibt dies auch für die nächsten Tage so, denn Gabby, so der Name der Hafenmeisterin und ihr Freund Arturas, betreiben den Hafen mit zugehörigem Café in diesen Sommermonaten und nehmen mich als Seglerfreund bei sich auf. So komme ich in den Genuss von selbstgebackenen Brötchen und Zimtteilchen. Esse den ein oder anderen vegetarischen Burger und trinke mit ihnen unzählige Tassen Kaffee.

Die beiden sind wirklich wunderbar. Abends spielen wir ein paar Runden Monopoly, wobei es hier auf der Insel ganz eigenen Spielregeln zu geben scheint, jedenfalls sind die beiden nach einigen Monaten hier zu wahren Profis geworden und ich verliere jedesmal haushoch.

Da die beiden selbst backen, erzähle ich ihnen von der Verkaufstrategie auf Rödhamn in Finnland, wo man die Brötchen am Vortag bestellt und diese dann frisch morgens aufs Vordeck geliefert werden. Der Entschluss ist dann schnell gefasst - das wird auch hier ausprobiert! So steigern wir den Absatz der Teigwaren binnen weniger Tage um das Doppelte! Super! Das spült Geld in die Taschen der beiden Studierenden, die sich, auf eigenes Risiko mit dem Betrieb dieses Hafens ihre Semester finanzieren.

Die Tage ziehen dahin. Öja gefällt mir richtig gut. Der eigentliche Ort liegt weiter südlich. Kapelle, kleines Restaurant mit Terrasse und Lädchen. Hafen für die Lotsenboote, Leuchtturm und viele kleine Schwedenhäuschen - wer kann es hier nicht mögen?

Ich bleibe fast eine Woche. Gabby und Artu bezeichnen mich mittlerweile als Inventar und Dauerlieger, doch ich muss aufbrechen - es ist ein Abschied von Freunden.

Zeig den Weg

9.7.2018
Landsort
58°46.120'N, 17°51.538'E
nach
Nyköping
58°44.604'N, 17°1.292'E
29 NM

Tobias kommt an Bord

Es geht für mich weiter nach Nyköbing. Ich fahre durch die küstennahe Inselwelt hinein in den Nyköbingfjord. Vorbei an Wäldern und Wiesen. Ausgedehnten Schilflandschaften direkt in den Stadthafen, wo ich einen schönen Liegeplatz finde.

Eigentlich wollte ich nicht hierher, doch bot sich die Stadt an um einen Gast aus Deutschland an Bord zu nehmen, da es hier eine gute Zuganbindung gibt. So habe ich gerade die letzten Festmacher gesichert, als ich auch schon eine bekannte Gestalt den Steg hinunterschlendern sehe, bepackt mit Tasche und Seesack. Tobias, mein guter Freund aus Studientagen strebt Fofftein und mir entgegen und nach einer herzlichen Begrüßung sitzen wir auch schon in der Plicht und stärken uns mit einem Schluck deutschen Dosenbiers, das er aus seiner Tasche gekramt hat. Er erzählt, dass er mich schon bei der Einfahrt in den Hafen beobachtet hat. Mangels Gases an Bord, ich muss mich unbedingt morgen um Nachschub kümmern, gehen wir gemeinsam in die Stadt um etwas zu Essen zu finden - wir haben beide mächtig Hunger.

Am Hafen finden sich schöne Lokale die hiesige Räucherspezialitäten anbieten und wir suchen uns dort einen Platz im freien, genießen den Abend, schmieden Pläne für die nächsten Tage und erzählen, erzählen und erzählen. Es wird spät und das ist auch gut so.

10.7.2018
Nyköping
58°44.604'N, 17°1.292'E
nach
Oxelösund
58°39.476'N, 17°6.739'E
9,8 NM

Vogelschiet und Schornsteine
Der nächste Tag beginnt mit einer ausgiebigen Einkaufstour. So miete ich einen Bollerwagen beim Hafenbüro, packe die leere Gasflasche ein und schon ziehen wir los. Supermarkt und nahe gelegener Gashändler sind tatsächlich schnell gefunden und so kehren wir, nach einem guten Mittagessen in der Stadt, vollbepackt zum Boot zurück, verstauen die Vorräte, schließen das Gas an, trinken noch einen, diesmal wieder selbstgekochten Kaffee und legen ab.

Es geht durch den Sund hinaus unter Maschine, da der Wind direkt gegen uns steht und nach einiger Zeit hart Steuerbord gen Süden, wobei wir heute nur „um die Ecke" wollen. Oxelösund ist das Tagesziel. So segeln wir langsam dahin, an Inselchen vorbei, die über und über von Vögeln und ihren Ausscheidungen, samt dazugehörigem Geruch, übersät sind auf die geradezu brutale Industriekulisse von Oxelösund zu. Der kleine Fischereihafen auf der anderen Seite des Industriegebietes stellt sich, zu unserer Überraschung als recht gemütlich heraus, den Anleger zu zweit müssen wir allerdings noch mal üben, denn Tobias verheddert sich prompt mit der Festmacherleine auf dem Vorschiff und gibt in diesem Augenblick nicht die beste Figur ab. Es wird gelacht und ein bisschen geflucht, doch dann sitzen wir versöhnt beisammen und trinken das obligatorische „deutsche" Bier zum gleichnamigen vollendeten Manöver. Na dann „Skål".

Seglertraum

11.7.2018
Oxelösund
58°39.476'N, 17°6.739'E
nach
Häradskär
58°8.922'N, 16°58.922'E
35,4

Wenns läuft dann läufts
Wir brechen heute früh auf, früh ist dabei relativ zu verstehen, da Fofftein und ich nun einen wahren Urlauber an Bord haben, dem die Anreise, die letzten arbeitsreichen Wochen und die Nacht in ungewohnter Umgebung und Geräuschen noch in den Knochen steckt. Zugegeben, auch ich habe nicht die beste Nacht verbracht, da von der Backbordkoje ein konstanter, geräuschvoller Luftstrom aus menschlicher Kehle, die Stille der schwedischen Nacht durchbrach, wobei ich nicht ausschließen möchte, dass auch meinem Rachen ähnliches entfleucht.
Nach Frühstück, Kaffee und Zigarette, dem obligatorischen Gang eines jeden Seglers ohne WC an Bord, bevor er in See sticht, werfen wir die Leinen los.
Wir gleiten schon unter Segeln aus der schmalen Hafenausfahrt und gehen dann auf Kurs. Es ist ein strahlender Tag. Der Wind strömt konstant mit drei bis vier aus nordwest und Fofftein läuft munter und entschlossen ihre fünf bis sechs Knoten voraus.
Wir wechseln uns an der Pinne ab und ich genieße die Zeit. Endlich kann ich mich mal ein wenig auf dem Boot bewegen während wir dahinsegeln! Ein Luxus den ich, mangels Pinnenpilot oder Windsteueranlange, sonst entbehre. So mache ich mich in der Galley nützlich, koche dem Steuermann Kaffee, serviere kleine Snacks und drehe ihm die ein oder

andere Zigarette. Kann es schöner sein? Und auch das Quatschen während der Fahrt tut mir richtig gut. Und nachdem wir uns gestärkt haben und einstweilen alles besprochen, begebe ich mich aufs Kajütendach um dort eine lecke Stelle im Teakdeck auszubessern. Am späten Nachmittag kommt dann unser heutiges Ziel in sich. Die alte Lotseninsel Häradskär. Wir laufen auf den kleinen Hafen zu und schon bei der Annäherung denke ich bei mir „ganz schön voll da". Einige Augenblicke später sehen wir dann auch einige Menschen auf dem Pier stehen und winkend und schwedisch rufend uns wohl darauf aufmerksam machen wollend, dass in diesem Hafen heute kein Platz für uns ist. Mist. Ich will das nicht so recht glauben, wo bitte ist kein Platz für ein kleines Folkeboot?!

So beschließe ich noch eine Runde vor der Einfahrt zu drehen, weiche dabei einigen gefährlichen Steinen aus, auch hier fehlt immer noch Wasser, und sehe dann einen Mann im Ruderboot auf uns zusteuern. Es stellt sich heraus, dass dieser ältere sympathische Herr der Hafenmeister der Insel ist und er wohl den gleichen Eindruck wie ich hegt - für ein Folkeboot ist immer noch Platz. So folgen wir ihm langsam, sehr langsam, biegen scharf hinter der Mole nach steuerbord ab. Hier ist es dann richtig flach. Es fehlen gut und gern 60 cm Wasser im Becken und so ist der Grund klarer zu erkennen als mir lieb ist. Wir werden auf den letzten schiffbaren Platz gezogen, machen fest und dann geht das Palaver mit den „Nachbarn" los, das sei „ja wirklich knapp gewesen", „naja, für so ein Boot ist ja doch im kleinsten Hafen Platz" und so weiter und so fort. Hafenplausch eben.

Häradskär entpuppt sich als keines, naturbelassenes Eiland. Wir machen noch einen, zugegeben relativ kurzen

„Orientierungsmarsch", kochen uns noch ein paar Nüdelchen und gehen früh zu Bett. Lief gut heute!

Finde deinen Hafen
- irgendwo

12.7.2018
Häradskär
58°8.922'N, 16°58.922'E
nach
Krokö
57°42.456'N, 16°45.011'E
29NM

Eine Insel fast für uns
Das „Kaiserwetter" hat angehalten und so beginnt der Tag mit
guter Laune. Nach dem Auslaufen, das sich als Präzisionsarbeit
erweist, wohlgemerkt mit einem Langkieler rückwärts(!), und
uns dennoch erstaunlich gut gelingt, setze ich einen Kurs auf
das offene Wasser ab um ein wenig Weg zu sparen und den
perfekt wehenden Wind voll auszunutzen. Der hier stehende
Schwell schüttelt Fofftein mächtig durch, kein Problem für
Material und Skipper und wir machen gute Fahrt voraus - wenn
da nicht der Besuchsteuermannfreund wäre, dem wird ganz
grün im Gesicht und seine Laune, im Gegensatz zu meiner,
sinkt weit unter den Kiel. Also Kurs ändern und zwar schnell
sonst passiert hier gleich ein Donnerwetter! Schnell ins
Fahrwasser hinter den Inseln und schon geht es dem lieben
Tobias deutlich besser und schon bald habe ich meinen
menschlichen „Pinnenpiloten" wieder.
Im Gegensatz zur vorangegangenen Reise habe ich dieses Mal
noch gar nicht „wild" geankert. Stattdessen bin ich immer in
keinen oder kleinsten Marinas oder schlicht an einem Steg
untergekommen. Dabei ist dieses einfache Festmachen an
einem Stein mit ausgebrachtem Heckanker eine wunderbare
und sichere Art das Boot über Nacht zu parken und eine gute
Gelegenheit quasi unbewohnte Inseln zu erkunden.

Ich schlage also vor, uns heute einfach ein Plätzchen in einer netten Bucht zu suchen um dort festzumachen.

Letztlich landen wir nach wunderschönen Segelstunden auf Krokö und abgesehen von zwei herrlichen klassischen Schärenkreuzern, die an der Nachbarinsel liegen, sind wir hier völlig allein. Wir grüßen uns übrigens überaus freundlich mit unseren Nachbarn auf Zeit und tauschen gegenseitig Komplimente über unsere Boote aus - Holzbootsegler unter sich.

Wir erkunden ein wenig das Eiland, das sich als durchaus hügelig erweist. Dafür werden unsere Aufstiege mit wunderschönen Aussichten belohnt - Buchten, Wälder, die See, Inseln und drei Holzboote - ich kann mich kaum sattsehen und bezweifle, dass ich mir etwas Schöneres vorstellen kann.

Am Abend sitzen wir lange beim Schein eines Windlichts im Cockpit, quatschen und sind still miteinander und lauschen den Klängen der Gitarre und schwedischer Volksweisen, die über unsere Bucht zu uns herüberschallen. Eben eine Insel fast für uns allein…

13.7.2018
Krokö
57°42.456'N, 16°45.011'E
nach
Byxelkrok
57°19.650'N, 17°0.285'E
29,7 NM

Die Sonneninsel ruft - auf nach Öland

„Wo kommt denn dieser Stein her!" rufe ich. Gerade stehe ich am Mast und setze das Groß als ich plötzlich vor dem Bug und sehr nah unter der Wasseroberfläche die Schemen eines Steines auftauchen sehe. Sofort rufe ich Tobias zu, den Kurs hart Steuerbord zu ändern, was einige Konfusion mit dem halbgesetzten Segel auslöst uns aber davor bewahrt aufzulaufen - noch mal gut gegangen.

Als dann endlich die Segel stehen und wir auf sicherem Kurs sind vergewissere ich mich auf der Seekarte, ob ich etwas übersehen hatte und nein, auch dort war nichts von einer Untiefe an dieser Stelle angegeben und die einzige Erklärung, die mir jetzt bleibt, denn normalerweise sind die schwedischen Karten sehr korrekt, ist, dass in diesem Sommer auch hier einiges an Wasser fehlt und so Untiefen entstehen, die sonst nicht ins Gewicht fallen. Naja, kann sein, wirklich zufrieden bin ich damit nicht... wir haben ihn ja früh genug entdeckt und nun sind wir auf Kurs.

Heute fahren wir gen Öland, dem sonnigsten Ort Schwedens, auch wenn das in diesem Supersommer wohl kaum ins Gewicht fallen dürfte, da es mehr oder weniger im ganzen Norden überwiegend ziemlich sonnig und warm ist.

So laufen wir heute vom „Festland", bei so vielen vorgelagerten Inseln traue ich mich kaum dieses so zu benennen, quer über den nördlichen Kalmarsund in Richtung Byxelkrog. Der Wind steht prächtig für uns, wir machen gute Fahrt - herrlich.

Ziemlich früh sehen wir dann Öland, dieses ewig lange und flache Eiland am Horizont auftauchen. Diese Insel bildet zusammen mit dem schwedischen Festland den Kalmarsund, benannt nach der größten Stadt der Region, die zentral auf der Festlandseite liegt und wo eine Brücke den Sund überspannt. Doch davon sicher später mehr, unser heutiges Etappenziel ist erstmal der nördlichste Hafen, Byxelkrog.

Kurz vor unsere Ankunft macht der Wind dann schlapp. Das hatte sich schon etwa nach zwanzig Meilen angedeutet, als er begann langsam aber stetig abzuflauen. Die See verwandelt sich in kürzester Zeit zu einem Spiegel, in dem sich die Sonne spiegelt. Fofftein tuckert langsam vor sich hin und schon von weitem erkennen wir, dass der Hafen ziemlich voll zu sein scheint - unzählige Masten sind auszumachen und ein paar Motorboote werden sicher auch da sein. Hoffentlich finden wir da noch einen Platz. Spannend ist, dass ich mir über solche Dinge wie Platzmangel, als Einhandsegler nie Sorgen gemacht habe, doch mit der Möglichkeit die Thematik mit einem Mitsegler zu bedenken und besprechen, steigt dann seltsamerweise die Aufregung - wie sich herausstellen wird, völlig unnötig, Fofftein findet immer ein Plätzchen - siehe Häradskär.

In den Hafen eingelaufen werden wir auch sofort vom Hafenmeister angeplärrt und dieser weist uns freundlich an, an einem anderen, übrigens deutschen, Holzboot längseits zu gehen. Das erweist sich als Glücksfall, das nette Paar nimmt uns freundlich an ihrer Seite auf und wir haben einen herrlichen „unverbauten" Blick auf das bunte Hafentreiben. Nebenbei, wir beobachten heute noch so manches Hafenkino. Als wir nun so geruhsam neben unserer etwas größeren Nachbarin liegen und auch wir es uns auf den Backskisten gemütlich gemacht haben, ruft uns jemand von der über uns liegenden Kaimauer auf Deutsch an, genauer in klar berlinerisch eingefärbtem Deutsch. „Sagen se mal, ist ihr Boot nich'n wenig klein für die Ostsee?! Sieht ja eher aus wie'n Beiboot!" Etwas verdutzt über Anruf und Frage schaue ich hinauf und erwidere, dass es sich keineswegs um ein „Beiboot" handelt, dass dieses Boot äußerst zuverlässig und seegängig ist und ich bis dato, noch nie das Gefühl hatte, mein Boot sei zu klein. Der Berliner schiebt dann noch nach, dass er ja lieber im Wohnmobil unterwegs ist und er es „ganz schön mutig" findet was wir da täten. Wir verabschieden uns freundlich, wobei ich dann noch ein belustigtes Augenverdrehen unseres Nachbarpärchens entdecke, das ich mit einem breiten Grinsen erwidere.

In einem Punkt hatte der Herr, allerdings wohl ungewollt, recht, meistens ist Fofftein wirklich das kleinste Boot im Hafen. Heute segelt man halt größere Schiffe als vor sechzig Jahren. Komfort und Ausstattung haben sich verändert. Auch der technische Fortschritt und die allgemeine Nutzung von GFK, hat die Hafenkulissen nachhaltig verändert. Was allerdings mehr oder weniger unverändert ist, ist das Meer. So ist es durchaus möglich mit der Technik der fünfziger Jahre, ohne Autopiloten und Plotter auf Fahrt zu gehen, sich anhand von Seekarten zu orientieren und auch mal zehn Stunden oder länger an der Pinne zu sitzen - nicht immer angenehm aber möglich und nicht unsicherer. Wobei ich unumwunden zugeben muss, dass ich mein Sicherheitsbackup in Form einer Navigationsapp auf meinem Smartphone nicht missen möchte, aber das ist dann auch alles an „Hightech" an Bord.

Der Abend klingt in guter Stimmung aus, der Hafen ist voll von Menschen, es wird gelacht, gesungen, es gibt leckeres Eis, alles in schöner Atmosphäre und beschienen von der langsam grellrot untergehenden Sonne, die hinter dem Festland zu versinken scheint. Morgen geht sie hoffentlich wieder strahlend über der Sonneninsel auf.

Der neue Tag wartet schon

15.7.2018
Byxelkrok
57°19.650'N, 17°0.285'E
nach
Sandvik
57°4.286'N, 16°51.292'E
17,5 NM

Das „dritte Segel"

Und wie die Sonne dann gestern aufgegangen ist. Temperaturen weit über dreißig Grad und totale Windstille! Es folgt ein ziemlich träger Tag in Byxelkrok. Ich schraube ein wenig rum, doch die meiste Zeit verbringen wir lesend im Schatten, unterbrochen nur von den regelmäßigen Gängen zur nahegelegenen Eisdiele - man muss sich ja auch mal die Beine vertreten.

Heute war dann meteorologisch die annähernd selbe Wetterlage zu beobachten und so entscheiden wir, man muss ja mal weiter, unter Motor nach Sandvik weiterzudampfen - was mir sehr missfällt. Ich benutze das „dritte Segel" äußerst ungern.

Der Tag zieht dahin. Wir wechseln uns an der Pinne ab, so dass jeder von uns auch mal „sonnenfrei" hat und sich in die Kabine zurückziehen kann. Das ist wirklich notwendig, Tobias ist, trotz intensiver Behandlung seiner Haut mit Lichtschutzfaktor 50, mittlerweile an einigen Stellen krebsrot.

Wir erreichen Sandvik, warten an der Hafeneinfahrt kurz ab, bis die dort badenden und von der Mole springenden Kinder uns den Weg freigemacht haben, übrigens tun sie wirklich das Beste was man an einem Tag wie diesem auf bzw. besser im Wasser tun kann und suchen uns einen Liegeplatz.

Ich springe, nach dem festmachen, ebenfalls sofort ins Hafenbecken und genieße die angenehme Abkühlung und so erfolgt der erste Plausch mit den Segelnachbarn schwimmend - die sind nämlich auch grad im Wasser.

Heute Abend ist das Endspiel der Fussballweltmeisterschaft in Russland. Frankreich spielt gegen Kroatien und bei allem Respekt vor den Kroaten sind die Franzosen meine Favoriten. Ein Fernseher ist hier nicht zu finden und auch die Internetverbindung reicht nicht aus, um den Livestream zu verfolgen. So machen wir es uns mit einem Bierchen gemütlich und lauschen der Radioübertragung. Das ist wiederum ein tolles Erlebnis für sich. Ich bin nicht der größte Liebhaber von Fussballkommentatoren im Fernsehen, da ich ja selber sehe, was passiert und ich mir so manches Mal wünschen würde allein den Ton aus dem Stadion zu hören - ohne Kommentar. Jetzt sind wir auf die Stimmen der zwei Reporter angewiesen und die machen ihre Sache wirklich gut. Sie lassen durch ihre Beschreibungen und Emotionen ein lebendiges Bild des Spiels in unseren Köpfen entstehen und wir genießen es in vollen Zügen.

Anscheinend sehen oder hören auch andere Segler das Spiel, bei kritischen Situationen oder Toren stöhnt oder schallt es freudig durch den Hafen.

Frankreich gewinnt - verdient. Wir ehren den neuen Weltmeister und hissen backbord die Trikolore - wir sind nicht die Einzigen und so hängen an diesem Abend auf mehreren Schiffen Rot-Weiß-Blau neben Blau-Gelb. „Allez les bleus, allez la France!"

16.7.2018
Sandvik
57°4.286'N, 16°51.292'E
nach
Borgholm
56°52.826'N, 16°38.772'E
14.7 NM

Victoria ist gerade weg
Wir gleiten langsam durch den Spiegel der See. Alles ist still.
Der Wind weht leicht aus Nordwest. Zwei bis drei Knoten,
mehr sind nicht drin. Doch das stört uns wenig, wir genießen
die Langsamkeit. Öland zieht an backbord an uns vorbei.
Durch das Fernglas beobachten wir Details der Landschaft, die
sich flach dahinstreckt. Die Sonne steht hoch am blauen
Firmament. Wir lassen uns das zweite Frühstück munden.
Kaffee mit Zimtteilchen - göttlich. Das ein oder andere Mal
passieren uns Boote unter Maschine - die wollen wohl schneller
in Borgholm oder sonst wo sein.
Die unaufgeregte, lautlose Langsamkeit ist es, die uns anzieht
und fasziniert, die uns in eine Stimmung der vollkommenen
Ausgeglichenheit und Zufriedenheit versetzt. Die uns selbst
still werden lässt. Zu Betrachtern unserer Gedanken und
Erinnerungen, die wie Öland an unserem inneren Auge
vorbeiziehen. Langsam, mit Zeit.
Diese Art des Reisens ermöglicht inne zu halten, obwohl man
in Bewegung ist.
Diese Art des Reisens ist ein ständiger Perspektivwechsel.
Diese Art des Reisens ermöglicht die Objektivierung der
Dinge, da sie ohne Zorn, Stress, Druck und Schnelligkeit
auskommt.

Es ist die Hingabe unseres Selbst an die Natur. Das uns ausliefern an die Elemente und die Unabänderlichkeiten. Das Begreifen, dass nicht wir es sind die etwas tun können, sondern dass wir uns dem aussetzen was ist.

Borgholm ist am frühen Nachmittag erreicht, wir gönnen uns ein Eis im Hafenmeisterbüro bevor wir uns ins Städtchen aufmachen. Das und das Liegegeld gibt es heute auf Kredit und Vertrauen, da das Lesegerät für die Kartenzahlung heute streikt. Der Hafenmeister nimmt es gelassen - „morgen geht's bestimmt wieder".

Nicht so gelassen ist dagegen eine deutsche Mitseglerin, wobei ich gleich vermute, dass es sich um eine pensionierte Oberstudienrätin handelt. Wir sitzen noch gemütlich auf dem Bänkchen vor der kleinen, hellblauen Holzhütte und schlecken unser Eis, als selbige Dame zu uns tritt und uns auf Deutsch fragt, ob wir die seien, die mit dem kleinen, die Betonung liegt klar auf kleinen, die eben mit dem kleinen Holzboot dort am ersten Pier festgemacht hätten. Wir bejahen artig - man bleibt halt irgendwie doch immer Schüler der der Lehrerinn antwortet. Daraufhin werden wir ausgiebig und mit Hingabe belehrt, dass dieser Steg ausschließlich für Boote über 35Fuss zu benutzen ist und wir darüber nachdenken sollten, ob unser Boot dort richtig liegt. Tut es, wenn dem so sei, nicht, wir sind nur 26Fuss lang, doch der Hafen ist nicht besonders voll, dem Hafenmeister scheint der Umstand unseres gewählten Platzes, nachdem wir ihm die Nummer und den Pier mitgeteilt hatten, auch nicht negativ ins Auge gefallen zu sein und so entschließen wir, dass wir dem Schulalter entwachsen sind und wir unsere Entscheidungen selbstständig treffen können. Wir bleiben wo wir sind - Oberstudienrätin hin oder her.

Borgholm ist eine unaufgeregte schwedische Kleinstadt mit einem überdimensionierten Marktplatz und ist schnell erkundet. Das eigentlich interessante ist die alte Schlossruine oberhalb der Stadt von der man einen schönen Blick auf den Sund hat. Wir wandern weiter durch den Wald und über verdorrte Wiesen und erreichen nach einiger Zeit das Schloss Solliden, die Sommerresidenz des schwedischen Königs. Den Eintrittspreis für die umliegenden Gärten sparen wir uns erhaschen aber einen kurzen Blick durch die schmiedeeisernen, mit königlichen Monogrammen geschmückten, Tore und begeben uns stattdessen in den Merchandisingshop. Schon erstaunlich, in wie vielen Variationen und auf welchen Gegenständen man sich „Königs" hier mit nach Hause nehmen kann...

Übrigens haben wir den wichtigsten Tag des Borgholmer Sommers gerade verpasst, den Victoriadag. Das ist die städtische Party für die gleichnamige schwedische Kronprinzessin, die ihren Ehrentag traditionell hier begeht und Volk und Reisende mit Freigetränken beschenkt und selbst an lusteigen Spielen wie Sackhüpfen teilnimmt, zumindest entnehmen wir letzteres aus einigen Fotografien, die wir in der Stadt entdecken. Schade, so ein Freibier auf Ihre Königliche Hoheit hätte ich auch gern getrunken.

17.7.2018
Borgholm
56°52.826'N, 16°38.772'E
nach
Kalmar
56°39.597'N, 16°21.711'E
17,8 NM

As every year - Geburtstagskaffee nach Kalmar
Es scheint zur guten Tradition auf meinen Skandinaviensegelreisen zu werden, dass ich am 17. Juli in Kalmar bin. Auch letztes Jahr erreichte ich an diesem Tag die Metropole der hiesigen Region. Heute ist der Geburtstag meiner Mutter und so weiß ich dies mit Bestimmtheit, ohne mein Logbuch vom letzten Jahr bemühen zu müssen. Also, as every year, gehe ich in ein Café und halte Kuchentafel zu Ehren meiner Mama - dazugehöriges Selfie mit den liebsten Grüßen eingeschlossen. Vergangenes Jahr war ich allein hier, heute ist Tobi noch bei mir - leider nicht mehr lang, denn seine Sommerferien neigen sich langsam dem Ende zu.
Schon am Morgen war Kalmar, vielmehr die Brücke die dort den Sund überspannt, gut als unser Etappenziel auszumachen. Den Tag über steuerten wir bei gutem Nordwest, ich ahne noch nicht, dass dies der letzte Tag für über eine Woche mit dieser Windrichtung sein wird, auf die Pfeiler zu, die sich aus dem Wasser erheben und nur an einer Stelle den Weg für die Schifffahrt freigeben.
In Kalmar macht man zwischen Shoppingmall mit Kinocenter und der im Bau befindlichen Linné-Universität fest. Man liegt geschützt und ist fußläufig in der Stadt oder beim hiesigen gut sortierten Schiffsausrüster.

Kalmar bietet Schloss und Dom. Ein interessantes Regionalmuseum. Nette Cafés und Restaurants und in diesen Tagen ist eine große Bühne mit täglicher Livemusik und Tanz im Zentrum aufgebaut. Und die Menschen tanzen! Schweden genießt seinen Sommer tanzend.

Die Tage ziehen dahin, es wird erkundet und am Boot gewerkelt und der Wind beobachtet, der seit gestern aus südlicher Richtung weht - genau gegenan, was für mich bedeutet, ich komm nicht weiter und die Prognose für die nächsten Tage ist genauso. Bei dieser Windrichtung hat man Schwell und Strom gegen sich. Kein Problem für gut motorisierte Boote die dort einfach durchdampfen - für mich ist das mit 7 Pferdestärken nicht möglich und auch die Kreuz ist nicht gerade angenehm zu segeln - vielmehr nass.

So müssen wir beginnen langsam an den Abschied zu denken und Tobias entscheidet letztlich von Kalmar aus den Zug nach Kopenhagen zu nehmen, der Bahnhof liegt direkt am Hafen, und von dort zurück nach Deutschland zu reisen.

Wir verabschieden uns zwei Tage später und ich schaue ein wenig sehnsüchtig dem Zug nach, wenigstens ist Tobias nun wieder unterwegs und ich bin immer noch hier.

Fofftein ist proviantiert an einigen Stellen repariert und ich liege wieder mal lesend im Cockpit als eine große Motoryacht im Hafen auftaucht und der Skipper sich offenbar entschieden hat, schräg neben mir festzumachen. Soweit so unspektakulär. Doch beim „einparken" hat der gute Mann offenbar die Größe seines Gefährts und den Raum zum Manövrieren unter- bzw. überschätzt und so kommt er mir, oder vielmehr Fofftein mit mir drauf, gefährlich nahe. Dann passiert es, er stößt mit seinem hinteren Außenbord gegen mein Heck samt Ruder, es knatscht beunruhigend und mein Adenauer wird rasiert. Mist!

Ich rufe ihn laut an, was er natürlich nicht wahrnimmt und erst als ein anderer Segler in auf sein Missgeschick aufmerksam macht bewegt er sich zu mir als ich gerade versuche herauszufinden, ob mehr als nur mein Flaggenstock zu Bruch gegangen ist. dem scheint nicht so, die Verbände scheinen zu halten und ich finde keinen Wassereinbruch, auch das Ruder ist unversehrt - noch mal Glück gehabt.

Ich bin überrascht über die Solidarität unter Seglern. Viele kommen und bieten sich als Zeugen an, übergeben mir Kontaktdaten falls doch etwas sein sollte und beklagen die mangelnde Umsichtigkeit des Motorbootfahrers - es sei doch so viel Platz an anderer Stelle gewesen.

Auch der Hafenkapitän taucht auf und untersucht seinerseits, ob gravierende Schäden an meinem Boot entstanden sind und bietet mir an, im Zweifel einen Experten von der nahegelegenen Werft kommen zu lassen.

Ich habe allerdings ein gutes Gefühl über die Robustheit meines Bootes und die nötige Flexibilität der Holzkonstruktion. Schnell werde ich einig mit dem Havarieskipper, ein neuer Flaggenstock wird besorgt und dann weht die Bundesflagge wieder.

Wolkenkathedrale

23.7.2018
Kalmar - Kalmar
56°39.674'N, 16°22.076'E
4.4 NM

Wenn Welle, Strom und Wind gegen dich sind
Mein Geduldsfaden reißt. Ich will es heute versuchen. So viele
Boote haben den Hafen verlassen - da muss doch auch für
mich eine Möglichkeit bestehen weiter nach Süden zu
kommen!
Also, Leinen los!
Ich will hier weg!

Kurz gesagt, meine heutige Reise ist genau 4,4 Meilen weit. 2,2
Meilen nach Süden und 2,2 nach Norden - zurück nach
Kalmar.
Nichts ging!
Mit voller Motorkraft stand Fofftein auf der Stelle und
stampfte gegen die Welle und auch mit den Segeln ging es nicht
voran, da der erste Teil der Strecke im Fahrwasser zu schmal
für echte Kreuzschläge war. Und, zugegeben, meine Laune,
Lust und Geduld ebenfalls nicht zum Besten gestellt waren.
Lektion wieder mal gelernt - mit einem alten Segelboot geht
nichts gegen die Natur. Auch wenn der Mensch an Bord noch
so will.
Langsam wird Kalmar wirklich traumatisch für mich, wie
schon erwähnt war ich schon im vergangenen Jahr hier und
zwar ähnlich gefangen wie heute nur, dass der Wind damals
unablässig aus Norden wehte - eben wo ich hinwollte. Man,
dieser Kalmarsund! Eigentlich wollte ich gar nicht hierher,
vielmehr hatte ich mir gewünscht auf der Seeseite Öland zu
passieren um genau so eine Situation zu vermeiden, doch der

Umstand das Tobias nach Hause musste, zwang uns einen Hafen mit Bahnanschluss anzusteuern. Es ist wie es ist.

Aber Morgen wird „mein" Tag! Bestimmt!

Erstmal ein Eis!

24.7.2018
Kalmar
56°39.674'N, 16°22.076'E
nach
Mörbylånga
56°31.785'N, 16°22.385'E
9,4 NM

Das Kreuz mit dem Kreuzen

Wie schrieb ich gestern „heute ist mein Tag" und tatsächlich hat der Wind ein wenig gedreht und wird annähernd segelbar für Fofftein und mich. Nun los!

Ich mache nicht viel Strecke nach Süden gut aber ich finde Spass an der Sache. Es ist extrem sonnig und so werden mir die Duschen beim Kreuzen geradezu willkommen.

Hin und her segele ich über den Sund mal Öland mal Festland voraus immer brav im Wechsel.

Die kleinen Boote segeln hart am Wind, die großen schippern einfach auf direktem Kurs und stampfen durch die Wellen.

Letztlich ist es eine Entscheidung in meinem Kopf, die Einwilligung, dass ich nicht hetzen muss. Ich denke immer wieder an Barbara und eigentlich haben wir uns in Kopenhagen verabredet. Doch gestern Abend hat sich die Sachlage verändert, nachdem ich ihr erklärt habe, dass dieses Ziel realistisch für mich nicht zu erreichen ist und sie mir liebevoll antwortete „dann komm ich halt nach Schweden - auch schön." Ein Traum.

So kann ich die wenigen Meilen die ich heute segle genießen, den Kopf frei und ganz auf Boot, Wasser und Segel konzentriert. Ziel für heute: Mörbylånga.

Ich mach mir mal wieder selbst eine Freude und segle in den Hafen. Immer wieder ein großes Vergnügen für mich - warum machen das nur so wenige Segler?

Mörbylånga hat ist ein überdimensioniertes Hafenbecken mit angeschlossener kleiner Ortschaft. Doch der Burger, den es hier in einem kleinen Restaurant in der Ortsmitte gibt ist wirklich eine Erwähnung wert. Wirklich Spitze! Und verdient! Der Hafenmeister entpuppt sich als waschechter Konstanzer und wir werden an diesem Abend noch lange vor seinem Büdchen zusammensitzen, über den Süden Deutschlands quatschen - ich habe mal in Konstanz gelebt - den Bodensee, das Segeln und, und, und... Schön wars. Das Hafengeld erlässt er mir dann auch noch, was sich gut mit meiner Bordkasse verträgt - die Zeit in Kalmar war kein günstiges Vergnügen. Überhaupt bin ich schon ein wenig von mir überrascht und auch enttäuscht wie schnell ich den Verlockungen der Stadt nachgegeben habe. In der freien Natur verspürte ich nie eine Sehnsucht nach dem urbanen Leben mit seinen Kinos, Museen, Cafés und Restaurants. Doch als all dies vor der Haustür, vielmehr vor dem Bug lag, hat es mich doch hingerissen. Gut, ich bin kein Mönch, obwohl ich mich durchaus ein wenig und das sehr bewusst, monastisch auf dem Boot eingerichtet habe. Nur so viel wie nötig an Bord habe um mein Leben bewusst von Dingen zu reduzieren - ein Weg, der mir sehr gut getan hat.

Es ist ein Kreuz mit meiner menschlichen Schwäche - aber ich gönn mir halt auch gern mal was. Puh, ganz schön „kreuzlastig" heute.

25.7.2018
Mörbylånga
56°31.785'N, 16°22.385'E
nach
Grönhögen
56°15.936'N, 16°23.830'E
18,3 NM

Nette Bekanntschaft - großer Besuch
Der Wind steht besser heute, nicht ideal, aber man wird ja
bescheiden. So kann ich tatsächlich hart am Wind einen
südlichen Kurs direkt steuern. Fofftein gefällt das sichtlich gut.
Sie stampft gutwillig mit ihrem Langkiel durch die Wellen,
nimmt manchmal etwas Wasser über und läuft gut und gerne
ihre fünf Knoten. Erstaunlich, was diese alten Schiffe so
abkönnen und dabei immer ein vollkommenes Gefühl der
Sicherheit und Beherrschbarkeit vermitteln, mag die Krängung
auch noch so hoch sein und reffen muss ich heute auch nicht
mit vollem Groß und kleiner Fock bin gut unterwegs.
Grönhögen ist ein kleiner Fischereihafen. Gerade wird ein
Fischerboot an Land auf einem Schlitten liegend neu
hergerichtet und erstrahlt schon in einem frischen Lackkleid.
Nebenan gibt es ein wirklich gemütliches Hafencafé mit
selbstgebackenem Kuchen in einem umgebauten Bootshaus -
wie gesagt, ich gönn mir halt gern mal etwas.
Neben mir macht ein schwedisches Segelerpaar mit ihrer x99
Yacht fest und wir kommen schnell ins Gespräch. Sie haben
ein Surfbrett dabei und letztlich finde ich mich auf dem Board
wieder und versuche mich mit meinen ersten Schlägen vor der
Hafeneinfahrt - ein großes Vergnügen, wenn ich auch des
Öfteren im Wasser lande. Gute Idee ein solches „Beiboot"
dabei zu haben, wobei ich mich wahrscheinlich aus

Platzmangel für eine aufpumpbare Variante entscheiden müsste, Mast und Segel bekäme ich aber sicher irgendwie verstaut.

Bei aller Überzeugung ein Holzbootsegler zu sein, bewundere ich doch x-Yachten. Das sind einfach tolle, schnelle Boote aus Dänemark. Schlank mit ihren charakteristischen drei Streifen am Wasserpass. Die beiden bekommen dagegen strahlende Augen beim Erblicken der hölzernen Behaglichkeit meines Bootes und so ist es wie es meistens ist, man mag immer das ein wenig mehr, was man gerade nicht hat.

Gegen Abend bekommen wir dann noch „großen" Besuch. Die „Eye of the Wind" gibt sich die Ehre und läuft majestätisch in den kleinen Hafen ein und macht an der gegenüberliegenden Seite des Piers längsseits fest.

Diese Großsegler verleiten mich zum Träumen. Wie wäre es mit einem solchen Schiff auf Langfahrt zu gehen. Einfach als Deckshand anzuheuern und los geht's. Ich bin immer wieder fasziniert von der bloßen Anzahl an Blöcken Fallen und Leinen, die ein solches Schiff im Rigg führt um die Segel auf und nieder zu holen und ihnen den richtigen Trimm zu geben. Diese hohen Masten - was für ein Ausblick muss sich von dort oben nach dem aufentern ergeben?! Um einen, die endlose Weite der See und darunter diese elegant leicht bauchige Form des Rumpfes mit seinen hölzernen Deckshäusern auf teakbeplanktem Deck. Herrlich. Kann es etwas Schöneres geben?

Heute Abend bleiben wir alle lange wach, denn es ist Vollmond, vielmehr heute wird sich ein besonderes Schauspiel am dunklen Nachthimmel einstellen - wir werden, sofern nicht noch Bewölkung einsetzt, den „Blutmond" sehen.

Und tatsächlich, in der Mitte der Nacht ist die sonst weiß erscheinende Mondscheibe komplett in ein terrakottafarbenes

Rot getaucht und die kleine Hafengemeinschaft hantiert kollektiv an ihren Digitalkameras und Mobiltelefonen um diesen Moment photographisch festzuhalten - ich stelle da keine Ausnahme dar.

Barbara hat sich für den übernächsten Tag am späten Abend angekündigt. Ich habe also Zeit.

Ich bleib noch einen Tag - war ja auch spät gestern.

Große Schwester

28.7.2018n
Grönhögen
56°15.936'N, 16°23.830'E
nach
Karlskrona
56°10.101'N, 15°35.549'E
41,3 NM

Sonne, Regen, Wind
Einen bunten Strauß an Wetter gibt es heute. Alles dabei. Ich
schwitze, werde pitschnass, ertrage eine kurze Flaute und
dennoch fahre ich mal eben über vierzig Meilen, was für
Fofftein und mich schon ein gutes Stück Weg sind.
Kurz vor Karlskrona gehe ich dann hart an den Wind, passiere
die enge Schärendurchfahrt und liefere mir auf den letzten
Meilen eine kleine „Wettfahrt" mit der einlaufenden
Danzigfähre. Viele Menschen stehen dort an Deck, winken
herüber und freuen sich offenbar über den Anblick meines
kleinen Bootes, dass in Schräglage auf Parallelkurs fährt. Ich
wünschte ich könnte nur für einen Moment die Perspektive der
Fährenpassagiere einnehmen, nur um zu schauen und Fofftein
zu bewundern. Selbst der Kapitän drüben tritt auf die
Brückennock heraus und winkt mir freundlich zu - was für ein
Empfang in der schwedischen Marinehauptstadt.
Ich freue mich auf diese Stadt. Nicht nur, weil Barbara hier
wieder an Bord steigt, sondern weil ich an der maritimen
Geschichte dieses Ortes interessiert bin. Karlskrona ist bis
heute der bedeutendste Hafen der schwedischen Streitkräfte
und man kann die Geschichte und Geschichten dieser
Schifffahrtsmetropole im hiesigen Marinemuseum
nachvollziehen und an vielen Exponaten in und am Wasser
bestaunen. Ein paar zu besichtigende Schiffe sieht man schon,

wenn man in den Hafen einläuft - wieder unter Segeln, mittlerweile mache ich meinen Motor kaum noch an.

Nach dem Anlegen mach ich erstmal klar Schiff und danach mich stadtfein - kommt ja schließlich noch Damenbesuch heute.

Dann ist es soweit, ich stehe am Bahnsteig und warte auf den Øresundtåg aus Kopenhagen und als dieser mit zwanzigminütiger Verspätung endlich einfährt schließen Barbara und ich uns endlich wieder in die Arme. Sie war die vergangenen Wochen in Spanien und Italien und so gibt es viel zu erzählen - den restlichen Verlauf dieses Abends erlaube ich mir der Phantasie des geneigten Lesers zu überlassen.

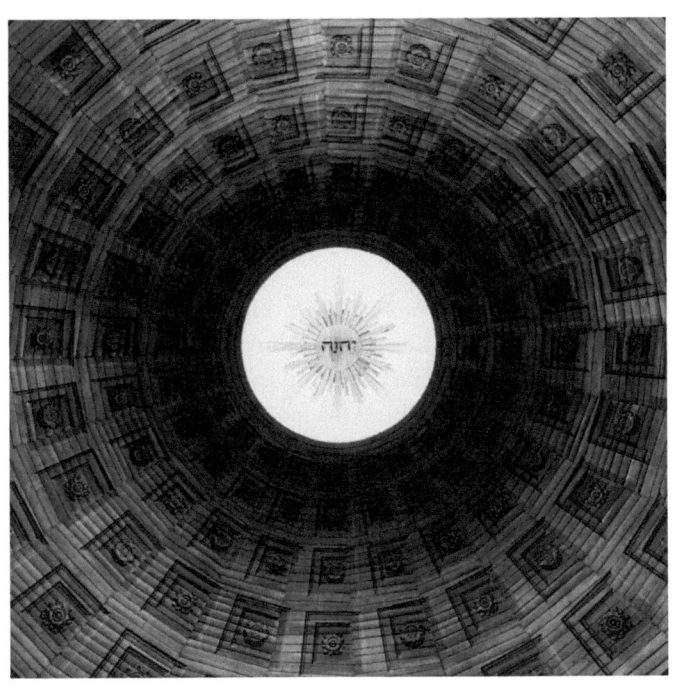

Leitgestirn

Karlskrone ist auf mehreren Inseln erbaut und überall findet man Spuren der lange währenden Seefahrtstradition dieser Stadt. Zwei sehr schöne, im klassizistischen Stil erbaute Kirchen schmücken den großen Hauptplatz im Zentrum, wobei die eine eher klassischen Kirchenformen folgt und die andere eher an das Pantheon in Rom, mit seinem runden Grundriss und einer alles überspannenden Kuppel, erinnert.

Auch das Marinemuseum hält für mich was es verspricht. Es bietet einen lebendigen Parforceritt durch die Jahrhunderte der schwedischen Schifffahrt vom Linienschiff und seinen Lebensbedingungen an Bord bis hin zum modernen U-Boot, das in einer eigens errichteten Halle zu besichtigen ist. Selbst das Teleskop ist noch einsatzbereit und erlaubt den Blick über die Dächer der Stadt. Schmunzeln muss ich, als ich im Mannschaftslogis eine VHS-Kassette des Films „Top Gun" entdecke - schwedische U-Bootfahrer hatten offenbar in ihrer Freizeit Interesse an einer anderen Waffengattung und träumten sich mit Tom Cruise in die Lüfte.

Auch die kleinen Boote im offenen Bootshaus verfehlen ihre Wirkung auf mich nicht und davor liegen einige hölzerne Marinekutter neben stählernen Schnellbooten - dem Jungen mit dem Bootsfaible geht das Herz über.

Wir mögen Karlskrona doch nun soll es weitergehen unser Plan ist, über Utklippan und die Erbseninseln, Christiansø und Fredirksø, nach Bornholm zu fahren - Barbara will raus ins Blaue und ich auch.

Kleine Schwestern

2.8.2018
Karlskrona
56°10.101'N, 15°35.549'E
nach
Utklippan
55°57.308'N, 15°42.213'E
15.5 NM

Schiffetetris auf Utklippan
Schnell aus dem Hafen hinaus gesegelt und die letzten Schären passiert, gehen wir auf einen südwestlichen Kurs und schon bald entsteigt am Horizont das streichholzgroße Leuchtfeuer von Utklippan aus der See.
Ich mag diese zwei kleinen Eilande mit dem Hafen auf der einen und dem Leuchtrum auf der anderen Insel. Sie waren auf meiner ersten Segelreise das erste Stück Schweden das ich betrat und für Tage nicht verlassen konnte, da sich eine beständige Nebelbank über Nacht über die Inselchen gelegt hatte. Und ich erinnere mich, wie beeindruckt ich war, als ich eher aus Spaß den Hafenmeister, der mit seinem Dingi längsseits ging, ob ich mit der Kreditkarte zahlen könnte und dieser wie selbstverständlich ein kleines Kartenlesegerät aus der Tasche zog mir hinhielt und selbiges drahtlos mit seinem Smartphone verband - man stelle sich dies im bargeldverliebten Deutschland vor.
Wie damals so ist auch heute der nette Herr schnell zur Stelle - er spricht übrigens ein ganz ausgezeichnetes Deutsch! Schnell wird gezahlt - natürlich mit Karte, versteht sich, wir sind in Schweden, und dann geht es auch schon los. Der „Nothafen" erfreut sich heute großer Beliebtheit. Immer mehr Boote erreichen die kleine Insel und so dauert es einige Zeit bis alle einen Platz gefunden haben. So heißt es Festmacher loswerfen,

114

Fofftein ein bisschen nach vorne ziehen und wieder belegen. Dann wieder ein bisschen zurück. Und so weiter.

Zu guter letzt hat jeder seinen Platz und wir liegen schön im Päckchen. Drüben neben dem Leuchtturm flattern die vielen Gastlandflaggen unter der großen schwedischen, munter im Wind. Wir schnappen uns ein Ruderboot und setzen über um diesen Teil des kleinen Archipels zu erkunden, steigen auf das Leuchtfeuer, das jetzt gar nicht mehr einem Streichholz ähnelt und genießen die Aussicht.

Als wir abends in die Kojen fallen, denke ich heimlich bei mir, ob ein wenig Nebel morgen nicht auch ganz schön wäre - dann könnten wir noch einen Tag bleiben, hier auf Utklippan - ganz weit draußen.

Klippen
- ganz weit draußen

3.8.2018
Utklippan
55°57.308'N, 15°42.213'E
nach
Hanö
56°0.618'N, 14°50.123'E
46,6 NM

Hart am Wind!
Der Wind steht gut, es ist ein sonniger Tag. Wir legen am Morgen ab und verlassen unser kleines Paradies ganz weit draußen. Wir sind wie verzaubert von diesen beiden kleinen Inseln und ich verspreche Barbara das die beiden Inseln die wir heute ansteuern, anders aber nicht minder zauberhaft sind.
Einige Stunden segeln wir nach Südwest, doch wir müssen immer härter an den Wind gehen - er schrallt mehr und mehr. Ich beginne zu zweifeln, ob wir die Erbseninseln wirklich werden erreichen können und nach einer weiteren Stunde entscheiden wir, abzudrehen und auf Halbwindkurs Hanö anzusteuern.
Schweden will uns irgendwie nicht gehen lassen.

Der Kurs liegt an, der Welle steht ordentlich und lässt Fofftein tanzen, die sich aber geruhsam und gradlinig vorwärtsbewegt. Zeit für einen Lunch.
Wir holen die am Morgen vorbereiteten Sandwiche heraus. Brühen einen Tee und genießen unser Mahl auf der sonnigen See.
Barbara macht Siesta und begibt sich in die Koje, ich steuere munter vor mich hin, immer auf den langsam am Horizont erwachsenen Hügel zu - das ist Hanö.

Dann spüre ich langsam ein Gefühl von Übelkeit in mir aufsteigen. Erst denke ich, dass es das erste Mal ist, dass ich an Seekrankheit erkranke. Doch die Bewegungen des Schiffes sind nicht besonders extrem und dann ruft Barbara aus der Kabine, dass ihr auch schlecht ist. Das ist der Augenblick indem ich den Nutzen erkenne, dass Piloten niemals die gleichen Gerichte essen, um sicher zu sein, sollte etwas mit der Nahrung nicht in Ordnung sein, dass jedenfalls einer von beiden weiter einsatzfähig ist.

Wir kämpfen nun beide gegen die Übelkeit und sehnen uns eine Toilette herbei.

Durchhalten. Hanö kommt näher. Fofftein tut ihr Bestes.

Wo wir schon bei den Sanitäranlagen sind. Hanö empfängt uns wohl mit den saubersten Toiletten, die ich jemals in einem Gasthafen gesehen und benutzt habe. Die hiesige Hafenmeisterin hat wirklich alles perfekt in Schuss! Auch unsere Magenverstimmung legt sich schnell und am nächsten Morgen starten wir unsere Erkundung der Insel.

Hanö ist überwiegend ein Naturschutzgebiet und besticht durch ausgedehnte Buchenwälder und einem reichen Bestand an asiatischem Dammwild - die einzige Population dieser Art in Schweden.

Wir durchstreifen brusthohes Gras, wandern durch den Wald, vorbei an riesigen Granitformationen immer weiter hinauf auf den sanften Bergrücken, der uns schon am Vortag den Weg von weitem gewiesen hat. Geniessen, den strahlend weißen Leuchtturm im Rücken, den weiten Ausblick auf die vor uns liegende Ostsee.

Blau und ruhig liegt es da. Dieses Meer, das uns in den vergangenen Monaten, dank Fofftein, zum Weg geworden ist.

Der Rest ist Stille.

Perspektivwechsel II

7.8.2018
Hanö
56°0.618'N, 14°50.123'E
nach
Simrishamn
55°33.579'N, 14°21.237'E
34,2 NM

Man, man, man diese Hanöbucht!
Hart am Wind, kurze Welle, Sonnenschein. Fofftein zeigt, was
in ihr steckt!
Ungefähr so, lässt sich der heutige Segeltag zusammenfassen.
Wir wollen Simrishamn erreichen und der Wind dafür weht
einigermaßen gut, wobei wir hart an selbigen segeln werden
und die ganze fahrt das Potential hat „feucht" zu werden.
Ja, auf kleinen, alten Booten wird man nass.
Und doch wird unter diesen Bedingungen eines ganz deutlich:
Folkeboote sind genau dafür konstruiert!
Fofftein schneidet mit ihrem schnittigen Vorsteven nur so
durch die Welle. Nie verliert sie den Kontakt zum Wasser. Kein
Stampfen. Keine Erschütterung. Einfach voran.
Nie bekommt man den Eindruck Rigg und Verbände werden
überlastet. Alles ist auf die besonderen Bedingungen der
Ostsee abgestimmt - noch mehr, Foffteins modifiziertes und
dadurch viel stabileres Rigg könnten noch ganz andere
Bedingungen ertragen.
Zugegeben, so manches Mal habe ich mich an der mangelnden
Stehhöhe in der Kabine geärgert. Die massiven Bodenwrangen
verteufelt, die so viel Bodenfreiheit nehmen. Doch hier und
jetzt will ich auf keinem anderen Boot als auf einem stabilen
Langkieler segeln. Man mag mich träumerisch schimpfen, doch
habe ich den Eindruck, dass auch das Boot seine Freude

entwickelt und eine unbeschreibliche Willigkeit und Energie sich den Elementen entgegenzustellen.

Und das Nasswerden macht ihr definitiv weniger aus als mir!

9.8.2018
Simrishamn
55°33.579'N, 14°21.237'E
nach
Ystad
55°25.538'N, 13°48.901'E
28,6 NM

Der frühe Segler fängt den...
Unser Wecker klingelte um 4:30 Uhr und nach einer eher unruhigen Nacht schälten wir uns aus den Decken und Schlafsäcken um mit dem ersten Sonnenlicht den Hafen zu verlassen - Ziel Deutschland.
Ich habe die Nacht unruhig verbracht und stündlich den Wind gecheckt in der Hoffnung, er würde endlich auf Nordwest drehen - was er auch tat. Problem, er flaute dabei immer weiter ab.
Dennoch, an diesem Morgen macht sich eine kleine Flottille aus sechs Booten auf um die Überfahrt nach Rügen anzugehen. So tuckern wir, zuerst unter Maschine aus dem Hafen und vorbei an etlichen Stellnetzen Kurs Südsüdost. Die See ist glatt wie ein Spiegel, der Himmel klar. Magisch erglänzt die Welt im ersten Licht des neuen Tages. So laufen wir gemütlich mit der ersten Tasse dampfenden Kaffee in den Händen hinaus.
Nach einer Stunde - immer noch unter Maschine - fange ich langsam an zu rechnen. Fofftein hat nur 42 Liter Benzin an Bord; genug für die Passage und dennoch widerstrebt es mir als Segler eine so lange Distanz mit dem kleinen Vire-Motor zu fahren - wir wollen segeln! - doch das pro Forma gesetzte Groß hängt schlaff herum. Nach einer weiteren Weile sehe ich, wie die ersten beiden Boote abdrehen, vermutlich nach Ystad, denke ich. Wir bleiben auf Kurs. Dann der Dritte. Letztendlich

sind es nur noch Fofftein und ein schwedisches Boot weit vor uns.

Wir drehen auch ab. Kurs West. Das macht heut einfach keinen Sinn, denn nun kommt auch noch ein bisschen Wind auf aus Südost - dann doch Ystad, Wallander besuchen, es ist ja auch noch ein wenig Zeit, bis wir Barbaras Eltern in Berlin treffen sollen.

Der Tag entpuppt sich letztlich als schöner Segeltag, doch ich bin ganz schön geschafft. Die Nacht steckt mir in den Knochen und im Gemüt. Segeln mit Terminen im Nacken ist ganz schön aufreibend, man kann einfach nicht so, wie man gerne will. Das spüren der Abhängigkeit von der Natur ist eine Erfahrung, der wir in unserer zivilisierten europäischen Blase, wo immer alles jederzeit verfügbar ist, nur selten ausgesetzt sind und ich muss zugeben, manchmal leide ich darunter. Mir fehlt manchmal die vielbeschriebene und auch von mir gerühmte Gelassenheit und heute kommt noch ein anderes Gefühl noch hinzu - ich will nach Hause, was auch immer diese Worte wirklich bedeuten, aber, ich habe innerlich schon adé zu Schweden gesagt und war bereit das blau-gelbe Fähnchen heute einzuholen - doch das Schwedenkreuz wird auch heute Abend munter über unseren Köpfen flattern.

15.8.2018
Ystad
55°25.538'N, 13°48.901'E
nach
Sassnitz
54°30.829'N, 13°38.769'E
59,4 NM

Weite See - großes Vergnügen

Ystad hat uns dann doch nicht so schnell ziehen lassen und so hat Barbara vor ein paar Tagen die Fähre von Trelleborg nach Rostock genommen um rechtzeitig in Berlin auf ihre Eltern zu treffen, die sich dort für ein paar Tage aufhalten. Mein Wunsch ist es alle dort zu treffen und noch ein paar Tage miteinander zu verbringen - doch erstmal muss ich warten. Der Wind blies mir einfach zu kräftig um mit meiner kleinen Nussschale auf die offene See zu steuern; obwohl es ja eigentlich nur etwa 60 Meilen sind. Doch allein. Ohne Autopiloten und mit knapp acht Metern Holzkonstruktion, müssen eben auch diese Meilen erstmal ersegelt werden.

So habe ich in den vergangenen Tagen die kleinen Gässchen Ystads erlaufen, war angetan vom alten Franziskanerkloster inmitten der Stadt und habe mich auch literarisch dem Ort angepasst und Verbrechen ermittelt.

Einige Mordermittlungen mit Kollege Wallander später ist es dann heute soweit. Der Wind passt endlich und hat über Nacht auf 3-4 Beaufort auf West abgeflaut. Die Sonne strahlt glänzend vom blauen, vereinzelt bewölkten Firmament und ich steche in See.

Meist verpasst man den bezauberndsten und erhabensten und vielleicht bedeutendsten Moment einer Reise über das offene Wasser, jener Augenblick, in dem man den Sichtkontakt zum

vermeintlich sicheren Land verliert. Immer weiter verschwimmt die flache Linie am Horizont und dann verschwindet sie völlig aus dem Sichtfeld. Wenn man sich das nächste Mal umblickt und über die pinne hinweg achteraus blickt, ist da nur noch der Himmel und die bewegte See.
Nur Wasser. Weite.
Das Boot wird zum wahren Lebensraum. Die einzige Möglichkeit das Wasser zu queren um neues Land, das Ufer zu erreichen.

Sechs Knoten haben ich im Schnitt auf der Logge und die Stunden verfliegen. Die Sonne wärmt von oben und lässt die gesamte Szenerie nur so strahlen. Die Wellen ziehen von Westen heran heben Fofftein sanft an und laufen dann unter dem Kiel hindurch - ein ständiges auf und ab.

Und langsam, schon viel früher in der Aufwärtsbewegung, schälen sich die weißen Klippen von Rügen aus dem leicht gebogenen Horizont und verleihen ihm eine neue Kontur - Königsstuhl und Kolliker Ort kommen in Sicht und backbord querab passiert man den neuen Windpark „Wikinger" in einigen Meilen Entfernung.

Der Traum der segelnden Seefahrt hat schnell ein Ende, als ich für die letzten Meilen in den Hafen von Sassnitz den Motor anschmeißen will. Nichts geht! Der alte Zweitackter springt nicht an. Also erstmal den Kurs ändern, vom Hafen wieder weg, beidrehen und ab in den Motorraum gekrochen.
Es muss schnell gehen. Hier ist allerhand Seeverkehr und die allzu große Nähe zum Land macht die Sache auch nicht gerade sicherer.

So prüfe ich als erstes Benzinzulauf und die Zündkerze und wie sich herausstellt ist diese vollkommen verölt und verrußt. Schnell das Ding getauscht und, man muss ja auch mal Glück haben, die alte Kiste springt tatsächlich an!

Nach dem Anlegen und während ich die Leinen und Segel klarriere denke ich bei mir, warum ich eigentlich nicht in den Hafen hinein gesegelt bin - genügend Manöverraum bietet Sassnitz allemal - ich hab mich anders entschieden, der Ärger über den Motor und die Erschöpfung nach zwölf Stunden an Deck und an der Pinne haben mich gar nicht an diese Alternative denken lassen.

Mein erster Fussmarsch auf „heimischen", deutschem Boden gilt übrigens der Suche eines Geldautomaten; in Sassnitz wird zur Entrichtung der fälligen Liegegebühr nur Bargeld akzeptiert und das habe ich schon seit Wochen gar Monaten nicht mehr dabei, beziehungsweise in der Hand gehabt. In Skandinavien ist es einfach üblich und wie ich finde enorm praktisch, dass der Segler, selbst kleinste Beträge, überall mit der Kreditkarte zahlen kann und dies eben der Gepflogenheit der Einheimischen Esten, Finnen und Schweden entspricht. Hier ist das nunmehr wieder anders, aber ein Spaziergang tut ja auch gut, nachdem ich stundenlang gesessen habe.

16.8.2018
Berlin

Abstecher in die Hauptstadt
Vom kleinen Bahnhof in Sassnitz mache ich mich, nach einer geradezu kommatösen Nacht, am frühen Morgen auf. Nehme den Regionalzug nach Stralsund und von dort den Intercity nach Berlin.

Schon komisch für mich, nach so langer Zeit mal wieder in einem Zug zu sitzen und in relativ kurzer Zeit eine relativ weite Distanz überwinden. Ich erwähnte es schon, das Gefühl für Entfernungen und Geschwindigkeit verändert sich auf einer Segelreise grundlegend und, wie ich finde, nicht zum Schlechteren.

Berlin ist wie es ist. Eine Stadt die gefällt, die sich gefällt und in der man sich gefallen lassen kann und wir verbringen heitere Familientage im Herzen der Metropole, wobei ich bei all den städtischen Amüsements, immer mal wieder an Fofftein denke, wie sie allein in Sassnitz vor sich hinschaukelt und auf uns wartet. Wie es ihr wohl geht?

Übrigens: Hotelbetten - also ein wirklich echtes Bett(!) - sind nach drei Monaten Koje das BESTE was es gibt.

22.8.2018
Sassnitz
54°30.829'N, 13°38.769'E
nach
Hiddensee/Kloster
54°35.004'N, 13°6.748'E
35,5 NM

Die Insel der Inseln
Zurück aus Berlin lösen wir am nächsten Tag Foffteins Leinen
und setzen Kurs gen Hiddensee. So geht es gemächlich aus
dem Hafen von Sassnitz, dicht vorbei an den beeindruckenden
Felsformationen der Kreideklippen und dann auf das
Leuchtfeuer von Kap Arkona zu.
Hinter dem Kap ziehen sich lange Sandstrände und wir hören
die Stimmen und Freudenschreie der Sonnenanbeter und
Badenden. Wir überlegen, wie wir wohl von der Strandseite
ausschauen - muss ein schöner Anblick sein, ein altes
Holzsegelboot, das mit seinen weißen Tüchern den Wind
einfangend, langsam auf dem glatten, die Sonne spiegelnden,
Wasserfläche dahinzieht.
Der Dornbusch kommt in Sicht, die höchste Erhebung unseres
Tagesziels und mit ihm, der prägnante Leuchtturm, der durch
seine Lage, aber auch als Kulisse für die Wetternachrichten
einige Bekanntheit erreicht hat. Hiddensee ist nahe.
Wir drehen leicht nach backbord ab. Hinein in die enger
werdenden Fahrwasser, die uns durch den Bodden nach
Kloster führen.
Kloster ist der nördlichste von Ort des Eilandes und liegt an
der Schwelle zum sogenannten Hochland, jener hügeligen
Gegend, die wir schon von weitem sahen. Den Namen hat
dieser Ort tatsächlich von jenem Zisterzienserkloster, das bis

zur Säkularisation auf der Insel bestand. Heute kann man noch einige Reste der Anlage sehen - einen Torbogen und die Inselkirche mit ihrem berühmten Rosenmalereien als Deckendekoration. Von der eigentlichen Abteikirche ist heute nichts mehr zu sehen.

Abends denke ich mir wie passend hier zu sein. Im Hafen von Kloster auf meinem schwimmenden „Kloster". Ja, Fofftein ist für mich ein Ort des Rückzuges, der Besinnung, der Konzentration und in besonderer Weise der Stille. Ein Ort des Lesens, Schreibens und (Nach)Denkens. Und all diese Begriffe bringe ich innerlich mit dem Begriff des Klosters und eines kontemplativen Lebens in Verbindung. Auch durchaus in der Idee eines einfachen, reduzierten Lebens - mit wenig auskommen, auf kleinem Raum leben, nur das Nötigste an Bord zu haben und damit hoch zufrieden zu sein was man hat - genau das als wahren Luxus zu verstehen und zu empfinden - wahrhaft klösterlich.

Hiddensee bezaubert uns durch seine wunderschöne Natur. Seine Einfachheit. Wo findet man noch unbefestigte Dorfstraßen, die vor allem von Fussgängern, Fahrradfahrern und Pferdekutschen benutzt werden?

Hier laufen wir auf verwunschenen Pfaden ganz dicht an der Abbruchkannte und erhaschen fantastische Ausblicke auf das Meer. Entdecken architektonische Kleinode und träumen uns ein wenig in der Zeit zurück als die Insel noch einen „König" hatte - Gerhard Hauptmann - und dieser Ort Anziehungspunkt für Künstler, Literaten und Wissenschaftler war, wo diese ihre Sommerfrische in der abgelegenen Einsamkeit verbrachten - wie weit war und ist die urbane Welt von hier - Lichtjahre.

Hiddensee ist wirklich ein Traum. Ein Paradies vor der eigenen Haustür. Schade ist, dass sich unsere gemeinsame Zeit langsam dem Ende zuneigt. Barbara muss weiter, zurück nach Berlin und dann nach Moskau und so planen wir alsbald die paar Meilen nach Stralsund zu fahren, dort gibt es ja bekanntlich einen Bahnanschluss in die Hauptstadt.

Kraft der Natur

26.8.2018
Kloster
54°35.004'N, 13°6.748'E
nach
Stralsund
54°19.095'N, 13°5.995'E
17,1 NM

Hanseleben
Hart liegen wir am Wind und fahren im Konvoi mit anderen
Seglern wie die Perlen auf einer Schnur das schmale Fahrwasser
Richtung Süden. Heute Morgen hatte es ganz schön
aufgefrischt und wir haben zwei Reffs gesteckt und vorn die
kleine Fock. Schnell geht es voran und auch aus Süden ist
einiger Verkehr. Etwas kriminell wird es allerdings, als sich
langsam ein Flusskreuzfahrtschiff durch die Rinne schiebt und
allen anderen den Weg versperrt. Das wird ganz schön knapp,
doch wir Segler weichen so weit aus wie möglich und rauschen
unter Jubel der Fahrgäste an Deck, an diesem langen Gefährt
vorbei. Noch mal gut gegangen. Dennoch frag ich mich, ob es
wirklich Sinn macht mit dieser Art von Binnenschiffen auf den
schmalen Boddenwassern zu navigieren.

Stralsund begrüßt seine segelnden Gäste mit einem grandiosen
Panorama. Sundbrücke und Kirchtürme strecken sich gen
Himmel und zeigen schon von weitem an wo es hingeht.
Wir entscheiden uns gegen das idyllischere Dänholm und
machen direkt unterhalb der Altstadt fest, da sich von hier der
Hauptbahnhof gut erreichen lässt. So verbringen wir einen
letzten romantischen Abend miteinander, suchen uns ein
nettes Restaurant, laben uns an gutem Essen und Wein und

ziehen uns ein letztes Mal in die gemachte Doppelkoje im Salon zurück. Schott zu - der Rest ist privat.

Der Abschied ist mir schwergefallen und obwohl ich es eigentlich gewohnt bin allein unterwegs zu sein, fühle ich mich in diesen Tagen einsam. Mir fehlt das vertraute Gegenüber.
Auch das hanseatische Leben in dieser Stadt mit ihren wunderschönen Baudenkmälern vergangener Größe mögen mir nicht recht über die Leere helfen und ich spüre, dass ich nach Hause will.

Der Wind kommt seit einigen Tagen stramm aus West - also genau aus der Richtung in die ich muss und da es bis zum nächsten Hafen im Westen, Warnemünde, gute 55 Seemeilen sind, muss ich auf einen Richtungswechsel des Windes warten - gegenan kreuzen oder gar „motoren" geht nicht.

So lass ich mich in dieser „Misere" - allein und Wind von vorn - in den netten Cafés und Buchhandlungen der Stadt trösten, schlendere durch die ehemaligen Wallanlagen, die heute einen prächtigen Landschaftsgarten um die Innenstadt bilden. Ergehe die Gassen und besuche die Kirchen - wobei mich St. Nikolai besonders beeindruckt, da sich hier die komplette mittelalterliche Bemalung und Inneinrichtung erhalten hat plus entsprechender Ergänzungen aus nachfolgenden Jahrhunderten.

Ich erlebe Stralsund als überaus lebendig und in gewisser Weise, als sehr lebenswerte Stadt.

Die Tage ziehen dahin. Jeden Tag prüfe ich mehrmals den Wetterbericht und die Windvorhersage. Schaue den auslaufenden, größeren Yachten nach, frage mich wo die wohl hinfahren und warte.

3.9.2018
Stralsund
54°19.095'N, 13°5.995'E
nach
Warnemünde
54°10.992'N, 12°5.805'E
56,1 NM

Freundschaftliche Motivation
Manchmal braucht man einen Freund und dann geht alles ganz
einfach und schnell.
Gestern Abend ist Tobias wieder an Bord gekommen und hat
offenbar bessere Windbedingungen im Gepäck gehabt. So geht
es heute früh los. Richtung Barhöft, raus auf die See und dann
nach Westen. Der Wind weht achterlich und wir rauschen vor
ihm dahin. Es wurde aber auch Zeit denn der Kran ruft! Bald
habe ich den Krantermin und bis dahin muss ich Lübeck sein.
Schön ist es mit Tobi wieder zu segeln und auch er genießt
seinen letzten, wenn auch kurzen, Aufenthalt für diese Saison
an Bord. Wir quatschen, wechseln uns an der Pinne ab,
verputzen unsere Wegzehrung und trinken reichlich Kaffee! So
muss segeln mit Freunden doch sein! Und während der Fahrt
bekommen wir dann noch eine Nachricht, dass wir in
Warnemünde erwartet werden! Bini und Georg, ein
befreundetes Paar aus Mecklenburg, wollen uns dort in
Empfang nehmen und bringen gleichzeitig die große
Winterabdeckplane für Fofftein mit. An Bord herrscht
Vorfreude!

Als ich an diesem Abend, nach sicherer Ankunft, einem guten
Essen mit netten Menschen und einigen Gläsern Bier in der
Koje liege, habe ich ein Grinsen im Gesicht und denke: Was

bin ich für ein beschenkter Mensch. Es gibt keinen Grund zur
Traurigkeit!

All you need are sails
- and sometimes a friend

4.9.2018
Warnemünde
54°10.992'N, 12°5.805'E
nach
Travemünde/Passathafen
53°57.467'N, 10°52.825'E
47,1 NM

Pommern grüßt Passat
Früh morgens lege ich ab. Der Wind kommt weiter aus
östlichen Richtungen und ich laufe wie schon gestern vor dem
Wind. Fofftein tanzt auf dem starken achterlichen Schwell und
ein- zweimal bricht eine Welle zu früh und schlägt ins Cockpit.
Der gestrige Abend war wunderbar und die Gespräche, die
gute Stimmung und das Lachen kreisen in meinen Gedanken
während ich dahinrausche. Es ist fast, als hätte Fofftein nun
auch verstanden, dass es für sie die letzten Meilen sind, morgen
noch ein bisschen auf der Trave und dann war es das für dieses
Jahr und so bläht sich das Groß und ihr Rumpf schiebt sich
willig voran und gleitet die Wellen hinunter.
Die Zeit verfliegt und dann sind wir mit einem Mal mitten in
der Lübecker Bucht und steuern auf die Hafeneinfahrt von
Travemünde zu. Auf der Mole stehen einige Menschen und
winken freundlich herüber und ich erwidere den Gruß der
Fremden und es kommt mir vor, als wüssten sie, dass da ein
kleines Holzboot von einer langen Reise zurück nach Hause
kommt!

An diesem Abend liegen wir direkt unter der Passat. Kreise
einer Reise schließen sich und ich grüße freundlich von der
Pommern, dem Schwesterschiff, unter deren majestätischem
Bug ich vor einigen Monaten in Mariehamn gelegen habe.

Windspiel

5.9.2018
Travemünde/Passathafen
53°57.467'N, 10°52.825'E
nach
Lübeck/Teerhofinsel
53°54.305'N, 10°41.645'E
10,2 NM

Ich setze alle Flaggen!
Ganz der seemännischen Tradition entsprechend setze ich
heute alle Flaggen der Länder in denen ich zu Gast sein durfte
und so wehen heute die Fahnen Estlands, Finnlands, Ålands
und Schweden an steuerbord aus.
Die Segel bleiben eingepackt - es ist vollkommen windstill und
so ist es allein der Fahrtwind der die bunten Stoffe flattern lässt.
Ich spüre wie erleichtert ich bin. Nur noch 10 Meilen stromauf.
Der Motor hat keine mucken gemacht und treibt mich voran.
Ein Segler, der mir entgegenkommt, ruft rüber „ganz schön
rumgekommen" und gibt ein anerkennendes Handzeichen.
Ja, ganz schön rumgekommen. Und das mit diesem treuen,
kleinen Bötchen.
Wir sind beide geschafft. Bei uns beiden ist der Lack ab. Wir
brauchen Ruhe.
Ich empfinde in diesem Moment große Dankbarkeit und
Freude, ein wenig stolz bin ich auch. Aber vor allem
Dankbarkeit. Für die Herausforderungen. Die Menschen und
Begegnungen. Die wunderschönen Orte. Die
unbeschreiblichen Eindrücke von Natur. Für dieses Boot!
Vor allem für dieses Boot! Ohne sie wäre das so nicht möglich
gewesen. Es ist der Moment wo ich verstehe, wenn andere
Segler davon sprachen, dass alte Boot eine Seele haben, ein
Gemüt. Das hat Fofftein, ganz sicher, eine gute Seele! Die sich

140

um mich gekümmert hat. Mich treu getragen und ertragen. Die meine Freude, meinen Ärger, meine Liebe und meine Geheimnisse mit mir geteilt hat.

Fofftein, mein schwimmendes zu Hause - lass uns mal Pause machen - die hast du dir verdient.